名师名校名校长

凝聚名师共识
回应名师关怀
打造名师品牌
培育名师群体

聂明远题

互动构建
高效写作课堂

潘晓霞◎著

吉林文史出版社

图书在版编目（CIP）数据

互动构建高效写作课堂 / 潘晓霞著. — 长春：吉林文史出版社，2022.8
ISBN 978-7-5472-8638-8

Ⅰ.①互… Ⅱ.①潘… Ⅲ.①作文课—课堂教学—教学研究—小学 Ⅳ.①G623.242

中国版本图书馆CIP数据核字（2022）第142609号

互动构建高效写作课堂
HUDONG GOUJIAN GAOXIAO XIEZUO KETANG

著　　者：潘晓霞
责任编辑：戚　晔
封面设计：言之凿
出版发行：吉林文史出版社有限责任公司
电　　话：0431-81629369
地　　址：长春市福祉大路5788号
邮　　编：130117
网　　址：www.jlws.com.cn
印　　刷：北京政采印刷服务有限公司
开　　本：170mm×240mm　1/16
印　　张：12
字　　数：216千字
版 印 次：2022年8月第1版　2022年8月第1次印刷
书　　号：ISBN 978-7-5472-8638-8
定　　价：58.00元

目 录

第 一 章

互动理念下的小学高年级
作文课堂教学

在基础教学阶段，语文是一门启蒙学科，它对学生综合素质的培养，以及文化素养的提升起着非常重要的作用。作为语文中最重要的部分，写作无疑是学生将课堂上学习到的语文知识进行灵活运用、润色、升华的最有效方式，但是由于长期应试教育的影响，在学生的写作过程中存在一些问题。比如，感情表达并不是很真挚，行文思维并不是很流畅，写作内容缺乏创新思维等，这些现实问题需要广大语文教师共同研究，努力解决。基于互动理念，可以更好地推动小学高年级作文课堂教学品质与效率的提升。

第一节　小学高年级作文互动教学的认知

在新课标的要求下，小学高年级作文教学备受关注，它对学生创新思维的构建、身心的健康发展有着重要意义。同时，写作的教学过程中，需要的是一种师生互动的活跃氛围，教师的引导和鼓励起着非常重要的作用，只有提起学生的学习兴趣，让学生参与进来才能提高其写作水平。

一、小学高年级作文互动教学的意义

（一）有利于提高小学高年级作文课堂教学质量

学生在讨论过程中，会影响彼此的写作思路，学生之间的语言反应也会对写作产生不小的影响，有利于学生认知能力的提升，给缺乏写作思路的学生提供一定的学习机会，很好地转化其他学生，为小学语文写作课堂教学效率的提升奠定良好的基础。

此外，小学生对外界给自己的评价十分重视也很敏感。因此，教师应重视作文的批改工作，并通过互动教学模式改进传统的作文批改模式。首先，让学生自我评价，发现自身的不足，然后，对学生没有意识到的问题，教师可以进行及时的开导或讲解，力争在互动过程中解决这些问题。

在教师点拨之后，学生之间要进行交互评改，学生之间是平等的关系，他们可以十分清楚地阐述彼此的见解。在彼此互相评价之后，学生可以对自己的作文进行修改。

教师在互动教学中，要做的就是综合互动之后的总体评价。由于学生已经在互动过程中知道了自身的不足，因此，教师在点评过程中要用激励性的语言评价文中的亮点，要用委婉的语言指出文中的不足。这样做不仅能够使学生体会到成功的喜悦，产生强烈的求知欲，而且教师商量式的评语让学生更容易接

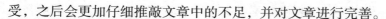

受，之后会更加仔细推敲文章中的不足，并对文章进行完善。

（二）有利于学生提高社会生活的认知能力、表达能力与应对能力

社会生活是学生写作的素材与灵感来源。因此，学生在互动过程中，渴望得到同伴的认可，而且生生互动远比师生互动的效果更好，也更为亲密，便于学生从同伴那里得到写作的思路与方法，从而慢慢地促进学生沟通能力、合作能力的提升，为学生以后进入社会生活奠定良好的基础，也为学生进行语文写作积累了素材。

小学生的口语发展优先于其书面语言的发展。教师在作文教学过程中，要充分重视小学生的这一特点，通过课堂互动，给学生更多的口语表达机会，可以让学生谈自己的见解，也可以让他们相互交流，在此基础上再让学生写作。互动的方式也可以多样化，如，同桌互动、个人诉说、班内互动等。互动的内容不要局限于作文的实质内容，可以将题目的意义以探讨的方式点拨出来，在交流互动中将写作提纲表达出来。

我们现在所使用的人教版小学语文教材就非常重视培养学生口语表达的能力—口头作文训练。任何一篇习作都要求在与大家交流互动的基础上进行，通过教师与学生，以及学生与学生之间的互动交流，学生的写作思路更加清晰，写作内容也更加丰富，并且他们的语言表达能力也会逐渐提高。如果一堂作文课，仅仅只有教师一个人在讲台上眉飞色舞地讲，学生们听故事，那也只是听一个人的故事，真正要大家动笔来写，或许完全没有任何思路。倘若多请一些学生起来说一说，学生们就能听到更多的故事，自然就能积累更多的素材，这么一来，想好了提笔就写，也大大提高了写作教学效率。

在教学的全过程中，学生是认识的主体，是发展的主体，教师应为学生的认识和发展提供种种有利条件。学生自己阅读，独立思考，相互讨论，如：和教师释疑和谐运转，不仅能学得深刻，而且能在获得知识的过程中，提高自身的思维能力，增强自我意识。

（三）有利于培养学生的观察力、体验能力与写作思维能力

在学生与他人进行交流的过程中，要学会换位思考，而不是从自己的角度出发，这样能够提升学生发现与解决实际问题的能力，使学生懂得从不同的角度去观察与体验生活，有利于完善学生的社会发展能力，同时，也有利于提升学生的写作思维能力。

观察是学生在作文创作过程中必不可少的一个环节，有效地观察能够在很大程度上提高学生的写作水平。小学生的生活基本上遵循"家庭—学校"两点一线的生活模式，这种单一的生活模式导致小学生的见闻有限，造成写作时无从下笔、无话可说的窘境。久而久之，学生对写作就产生了畏惧感。互动教学可以在很大程度上避免此类问题的发生。

要让学生有话可说，教师就必须在作文教学过程中不断地引导学生的思维方向，扩展学生的思路。在互动过程中，教师要不断地启发学生，要让他们将一个事物的多面性完整地表现出来。教师对学生身边事物丰富多彩的描述，可让学生养成热爱生活、热爱观察的好习惯。例如：布置"将你调查了解到的民风民俗加以整理，形成一篇习作"的作文题目。我们知道，民风民俗包含的内容是非常丰富的，形式也是复杂多样，教师可以对学生讲解民风民俗的多面性，使学生能够形成自己的理解。让学生通过倾听教师的讲解等方式来进一步了解民风民俗，然后通过相互交流的方式让大家分享各自的理解，这样，学生就不会在写作的时候无话可说。

（四）实现了语文教学的新课标理念

作文批改由传统状态进入"互动"状态，这不只是形式的转变，更是观念的转变。首先，主角定位实现了由教师向学生的转变。传统批改中，教师动得过多，几乎包办一切。"互动"批改时，学生的"互动"以至"自动"，使学生成了名副其实的"主角"。其次，目的定位实现了由"评"向"改"的转变。在传统批改中，由于时间、精力所限，即使责任心很强的教师也只能更多地止步于"评"，指出学生的不足，评价其优点。"互动"批改，除了保持"评"的优势，更重要的是，由于重视同学、教师以及自身的多向修改直至推出佳作，"改"便成了最终的目的。互动教学模式下的高年级作文写作，在很大程度上实现了新课标的理念。

二、小学高年级作文教学现状

在目前的小学高年级作文教学中，平常的一些写作训练由于缺乏合理有效的安排，前后衔接并不是十分到位，这就大大影响了写作的课堂效率。教师更加注重的是让学生去写，忽视了评判作文才是学生提升写作能力最为关键的一步，学生只有了解自己写作中存在的问题才能加以改正，从而提升自己的写作能力。

教师在写作课的备课中课件设计缺乏创新点，并且现在的写作课堂中，更多的是停留在学生被动地听教师讲课的阶段，缺少与教师之间的互动。除此以外，目前的写作文体也过于单一，教师更多的是让学生练习写记叙文，忽视对应用类写作的训练，从而致使一些学生在写一些应用性很强的文章时出现了连格式都出错的问题。具体问题有如下几种。

（一）学生的主体地位不突出

教师应尊重学生在课堂中的主体地位，遵循因材施教的教学原则，按照不同学生的思维模式展开作文教学。但实际上，当前小学作文教学中依然存在教师主导全程的现象，教师按照教学大纲提出的要求与标准指导学生写作，没有了解学生的学习需求。在教师的硬性规定下，学生写出来的内容比较单一，写作能力难以提升，学生在作文写作中体会不到快乐，久而久之，对作文学习也会失去兴趣。

（二）课堂气氛不佳，范围选择不当

轻松和谐的课堂气氛可以让学生活跃地参与课堂实践，作文教学中教师应为学生营造愉悦的课堂环境，鼓励并引导学生发散思维。但当前依然有教师无法转变作文教学观念，教学方法比较单一，对学生要求严格，导致学生无法从写作中找到乐趣，课堂气氛沉重。一直以来，范文在作文教学中有着重要的示范作用，范文能够作为示例，指导学生怎么样遣词造句，起初学生利用范文进行简单片段的写作训练，但学生缺乏语言整合能力，很难独立完成一篇作文。范文虽然可以帮助学生写作，但也限制了学生的思维，使学生一味地模仿范文。

（三）缺乏科学的作文指导

小学高年级学生已经具备了一定的写作基础，且写作能力和对事物的认知能力都在提升。很多学生写作时关注题目要求与字数要求，却不知道如何将内容写好，怎么样才能让自己的文章引人注目，这是学生写作时出现偏题现象的主要原因。如果教师不加以科学指导，将会影响学生接下来的作文学习。

（四）作文模式比较僵化

语文作文原指结合主观情感，通过文字的方式表达内心真实的想法和情感。在信息技术快速发展的背景下，语文作文的固定命题，导致语文作文日趋僵化。在开始写作时，学生首先会从互联网查找资料，有时候从作文素材中寻找相类似的范文。如果学生无法准确把握好借鉴程度，便会成为照搬，这极不利于学生日后的学习，也不利于学生的作文写作。除此以外，在实际写作过程中，由于体裁单一，学生会经常将一个模板套用到多次写作中，从某种程度上来讲，这影响到学生的写作创作，并最终与小学语文作文教学目标相背离，不利于学生写作能力和语文能力的提升。

（五）教学模式比较落后

在信息技术快速发展的背景下，互联网被广泛运用在教学中、生活中。语文作文课堂上，一些教师将优秀范文念给学生听，教师很少讲解作文写作技巧、作文写作构思等。再加上教师与学生之间缺乏沟通、交流，导致学生写出来的作文毫无新意。

（六）学生的观察能力较低

部分小学生具有浓厚的写作兴趣。但是，部分学生由于自身观察能力较差，无法找准描写事物的切入点，也无法在实际生活中积累丰富的写作素材，导致他们写作出来的文章缺乏深度，这些问题影响到作文教学效率的提高，也影响到学生作文能力的提升。

（七）写作教学趣味性不强

趣味性是小学生学习的重要条件，小学阶段的学生年龄都还比较小，正处于爱玩、活泼好动的阶段，他们好奇心比较强，自制力比较差，并且也没有太多的自主意识和主观认知，对学习的自主性大多数情况下都是源自趣味性这一特点。在小学语文作文教学中，趣味性也是激发小学生写作兴趣和积极性的重要因素。但是，在实际的小学语文作文教学中，有相当一部分教师对作文教学都是依照传统的方式进行，这些缺乏趣味性的语文作文教学方式导致小学生厌倦作文学习，让他们觉得作文写作是一种负担，从而对写作产生畏难情绪。

（八）缺乏良好的写作习惯

良好的写作习惯能够帮助小学生提高写作水平。在小学语文写作教学过程中，教师应该从培养学生的良好写作习惯入手，让学生从习惯中发现写作的乐趣。学生写作习惯的培养可以从日常学习中形成，例如，随笔记录的习惯、每天写日记的习惯等，可能刚开始的时候会给学生带来一定的压力，学生渐渐习惯后会对他们的写作产生巨大影响。但是，在实际写作教学中，有很多的教师并没有意识到写作习惯对学生学习的现实意义，由此导致他们在教学中仅仅将一些简单的看图阐述作为他们的写作训练，使小学生写作水平的提升受限。

三、小学高年级作文互动教学的策略

（一）师生互动，探究方法

要让学生学会自己评改作文，教师的贴切指导必不可少。如何让学生更快地掌握评改方法呢？我们认为，师生互动参与评改的尝试非常重要。

1. 师生共读互动

学生和教师一起阅读习作，教师引导学生发现文章中的错别字、不通顺的语病句，让学生说心里话，发表真实想法，畅谈如何修改。教师一边用红笔批改，一边向学生介绍批改中常用的符号，教会学生怎样做标记，这就是学习和能力的培养。比如，错别字用"○"圈出，好词好句用"＿"标出，并让学生学习使用一些早已为大多数人认同的标志符号等；教师有意识地教导学生如此修改习作，并要求学生养成习惯，这对广大学生来说必将受益终身。

2. 学生二次阅读基础上互动

学生再读，找出文中的好词好句，教师因势利导，学生各抒己见，发表对文中某个词语或几个句子的感受，从而在不知不觉中提升学生的审美能力与习作水平。学生评议时，教师实时跟进，一边划出某个词语或几个句子，一边做眉批，引导学生从情感、内容、修辞等方面进行深入赏析。比如："这个词语用得很好，准确形象""这个比喻真的活灵活现""这一段神态描写的话语生动具体，我们仿佛与作者同时在现场看到了一样"……润物细无声，习作者在教师的表扬中成就感油然而生，对习作的积极性就自然而然地得到激发，认真习作的理念也就得到了加强。这样的引导对学生来说终身受用。

3. 师生互评

泛读习作后，教师在学生得到初步的鼓励之后应掌握火候，趁热打铁，带领学生再次浏览作文，教师应深入引导学生根据本次习作的要求（中心明确、表达流畅等）谈谈自己的感受或者提出个人的修改建议，师生联手一起为作文判得失，写评语。教师要告诉学生评语的基本写法——以欣赏为主，多评价别人的优点，给予鼓励；同时，也应该指出今后要注意的地方，以利于进步。比如："读了你的文章，品味其中的好词佳句，真的令人如沐春风！你的阅读面广，视野开阔，积累了丰富的词汇，表达十分形象，值得我们学习。希望你继续努力，写出更好的文章。"通过这样的师生联手探究评改，让学生初步掌握作文评改的方法。从学会推敲词语入手，到修改句子、修改段落，直至批阅全文，由低到高，循序渐进，阶段性推进，既提高了学生自批互改的能力，又加强了学生的审美能力，为今后写出更好的文章打下基础。语文素养的提高就是"问渠那得清如许？为有源头活水来"。

（二）生生互动，培养能力

"自能作文，不待老师改。"构建师生联手修改学生习作的平台，就是教师把作文评改的主动权交还给学生，引导学生尽量去发现文章中的闪光点，在自改和互评中提高习作能力。

1. 结对互改

这是指作文水平相当的两个同学互相交换作文进行批改。这样做的目的是让不同水平的学生都有修改作文的自主权，特别是给予水平较低学生信心，激发他们对作文的兴趣。对不同水平的学生可以提出不同的修改要求，如：对水平较低的学生每次批作文时，只要求其把字、词、句批改好，能写出自己读此文的感受，不论对错，只要真实即可；对水平较高的学生提出更高的批改要求，要说出好在何处，指出自己理解或不理解的句段，写上恰当的评语。在这样的互批互改中，学生地位平等，就能无拘无束，相互沟通，相互启发。

如，评析作文《××趣事》时，学生就这样互相评议："××同学，你的习作主题明确，题目也取得十分有趣，字也写得漂亮，让人情不自禁地想往下读。但你没把事情的过程写得更清楚，让我觉得有点惋惜哟！不过看你的作文很开心，期待你的下一篇好文章。""××同学，你的文章写得很具体，从每一个动作、每一次心理活动都可以感受到你小时候的那份童真。你的词语用得恰当，句子生动有趣，让人读完回味无穷。可惜，你写的结尾太简单，有点美中不足，希望你能修改一下。"每一次的作文交换评改就是两个人的交流学习，学生能够在一次又一次的互改中相互启迪，取长补短，进而提高自己的作文能力。

2. 小组互改

在学生初步掌握修改方法后，教师就可以引导学生根据自己的性格、爱好自愿分组（4人一组，设组长一人），同时，也要考虑到各组成员的实际作文水平，确保"互动"批改得到良好的组织和有效的控制。

在习作批改之前，首先教师引导学生根据习作要求复习相关作文知识，组织讨论并确定作文标准，明确批改要求。然后由组长主持，逐一朗读作文，其他同学旁听，如果遇到自己认为需要修改的地方就提出建议，给予评价，并讲清楚为什么要这样改，并征求原作者的意见。最后由组长把关，归纳性地提出补充修改建议。这样能使小组成员可以自由地讨论交流，从标点符号到遣词造句，从片段写作到整体的谋篇布局，从谈论哪个词语的使用得当与否到争辩哪个句子该怎么写，只要他们能感受到的，他们有疑惑的、有见地的都可以直言不讳。学生在相互补充、相互启发中充分发表自己的见解，迸发出智慧的火花，从而看到自己的优点与缺点，知道自己的作文好在哪里，哪里又需要进行改进，应该怎样才能把自己的作文写得更好。运用这种评改方法可以集思广益，激发学生修改作文的积极性和主动性，提升他们分析问题和修改作文的能力。

（三）人媒互动，增强实效

将多媒体、网络作为作文活动的教学平台，大大加强了师生交流、评价的渠道，充分激发了学生的习作意识，能更有效地培养学生的写作兴趣。有以下两种方法可以借鉴使用。

1. 实时赏析

利用信息化教学手段评析学生的习作，不仅省时省力，而且更能发挥众人智慧之所长的优势，使评议更加全面，修改更加彻底。当学生完成某一篇文章时，教师可以通过网络浏览学生习作，从中遴选出具有典型优点、明显缺点的习作，投影到大屏幕上，不同的段落与词句可以用不同的字体显示，精彩之处可画红线，不妥之处可以闪烁。学生围绕习作要求，就标点、字、词、句、段等方面进行评价，发现闪光点，指出不足处，与教师同步点评，增强课堂的魅力；同时，利用信息化教学手段能更加方便地进行增、删、变、换等方面的修改、完善。教师通过多媒体、网络监控系统对学生机进行操作监控，可以随时将不同作品传递到学生机的显示屏上，引导学生细致阅读，或朗读欣赏，或品词析句；可以随时发现存在的问题，及时提醒学生，有针对性地进行个别辅导。

这样的人和媒体互动评改的方式，显示了现代科学技术服务教学的先进性，能充分调动学生的课堂参与积极性，让课堂教学成为学生学习生活的一种快乐状态，使习作教学更具有吸引力，进而提高学生的习作能力。

2. 发帖评改

语文教学的外延是火热的现实生活。怎样把课内评改延伸到课外，让广大学生"得法于课内，得益于课外"，更好地保持学生作文评改的积极性与延续性呢？利用网络发帖就可以实现教师的这一想法。教师可以利用网络建立习作网站或者班级博客圈，让每位学生都有发表作文的空间，给学生提供一个发挥潜能、展示才华、体验成功的平台。学生可以随时把自己写的文章粘贴到网上也可以利用空闲时间去网上阅读作文、欣赏作文、评论作文，通过发帖把自己的见解表达出来，并进行作文评改。他们发帖、回帖，商议或争辩，从文章的选材到立意，从内容到语言，不断地思考争辩、切磋交流、合作探究，最终达到共同提高的目的。教师可以定时在网上发帖点评，奖励那些"评改小能手"，从而不断地提升学生的习作热情。

经过一段时间的有意识尝试，我们欣喜地发现，在作文的"互动"批改中，学生作文的参与意识得到了空前的提高。他们对写作兴趣更加浓厚了，学生的整体作文水平也得到了明显的提高。当然，寸有所长，尺有所短，无论采用哪种作文评改方法，在实际的教学实践中，受到学生习作水平参差不齐的客观限制，定然会有一些不尽如人意之处，这就需要教师去明辨、去思索，不断创新作文评改方式，寻求一种新的、符合学生学习实际的方法，方能开拓出作文教学的一片新天地。

四、小学高年级作文互动教学路径

（一）看一看，细致入微

写好作文的关键便是先学会看作文，要学会借鉴他人的思路，他人在写作文时的中心思想，以及他人的行文思路，这些都是一篇文章的精髓所在。我们要先学会这种构思过程，这是写作的基础。然后需要看的便是文章中的优美词句，比如，经典句式的运用，形象生动的修辞手法也是为文章增色必不可少的内容。因此，这就要求我们看他人的优秀作文时要仔细，只有细致入微地分析好文章，自己才能写出好作文，在学习中进步，在细致中提升。因此，教师在以后的语文写作教学过程中，应当向学生推荐优秀的文章，让学生合理借鉴，培养学生模仿意识的同时，也为学生营造良好的语文阅读氛围，进而为学生接下来的语文写作奠定良好的基础。

为了培养学生看他人优秀作文的习惯，教师可以向学生推荐优秀作文书，如《小学生作文优选》《小学写作必备素材》《小学高分写作集锦》等作文参考书，同时班上优秀学生的作文也是很好的素材。由于学生之间的交流更加方便，因此，以好带差的学习氛围十分重要。

（二）讲一讲，取长补短

教师是课堂写作教学的掌舵者，如何很好地指导学生进行写作练习是教师们共同探讨的话题。学生的写作思路往往都会相对局限，没有很好地创新思维，他们更多的是停留在对现有知识的认知上，这就需要教师多向学生讲授新的写作思路，开阔学生眼界，使学生学会取长补短。大部分学生语文写作能力并不健全，因此，教师在写作教学过程中，应当给予学生适当的引导，创设教学情境，让学生在情境中创新思维，进而弥补自己在写作中存在的缺点，同时为小学语文写作教学效率的提升做好铺垫。

例如，教师可以根据实际情况创设一个情景，如："在奥运会上到处都是观众的喝彩声，五星红旗在会场上空冉冉升起，这时你在想什么？"当教师创设此情景之后，师生之间的互动过程会使学生的思维灵感迸发，他们有的将自己想象成奥运健儿，去感受那一时刻的无上光荣；有的将自己想象成现场观众，为可以亲自到现场加油而感到骄傲，因此，这一教学过程会使学生的创新思维得到提升。

（三）想一想，融会贯通

教师在授完课之后，学生需要做的便是将教师上课所讲的内容进行整理、思考，然后做到融会贯通。学会整理是对学生综合素质的一种锻炼，其中的归纳总结能力是小学生最为缺乏的。一节写作课完毕之后，并不代表学生的写作能力就能得到提升，还应当发挥学生的主动性，让学生依靠自己的语文学习能力，并结合自己的实际生活经验，将自己在课堂上所学的写作知识进行有效梳理，从而提升学生的语文写作能力。

例如，教师可以在写作课之后为学生布置一项作业，即让每一个学生都去整理教师所讲授的重点内容，最重要的是要想明白每一种写作思路的意义，以及如何灵活地将上课内容运用到自己的写作中去，然后将自己写作中的不足之

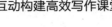

处进行有效总结，为下一次写作提供良好的借鉴。

（四）写一写，力学笃行

归根结底，写作的最重要环节还是学生自己动手下笔的能力，要勤加练习才能在有效时间内完成写作任务，只有在一次次的写作之后，学生才可以真正知道自己的不足在哪里，从而进行有效的改正。因此，无论教师在课堂上如何讲解，学生做再多的总结都不如让学生进行实战演练，在真实的写作中了解自己的优点与缺点，进而全面促进学生语文写作能力的提升。

例如：教师可以每隔一个礼拜就给学生布置一篇作文，尽量做到内容要求不重样，让学生可以练习各种文体的写作，然后教师再根据学生的具体情况进行批改，告诉学生的不足之处，对症下药。

在小学高年级的写作教学中，师生互动是最能调动学生学习积极性的一种方式，同时，教师要让学生学会如何自己去分析并学习。写作是一个循序渐进的过程，只有找到方法一步步地稳扎稳打，才能取得实质性的进步。

五、小学高年级作文互动教学要求

小学语文作文课堂上的互动教学主要是改变传统的教师讲授、学生倾听的单向教学形式，不仅要使师生之间进行互动，还要使学生之间互动交流，这就需要教师合理分配教学时间，根据教学内容高效备课。在备课过程中，明确教学内容的重难点，进行合理的教学设计，结合学生的知识基础和学习方法采取有效的教学形式，留出足够的时间进行互动教学，这样才能使作文课堂教学有序进行，并且更加丰富多彩。

（一）转变传统的教学观念

在小学语文作文课堂教学中，进行互动教学首先需要教师转变传统的教学观念，不再进行灌输式的讲授，而是在明确学生主体地位的基础上，发挥学生的主观能动性，使他们积极参与教学，和教师、学生、教学媒介之间进行互动交流。同时，教师在互动教学过程中要不断丰富学生的写作素材，让学生有话可说，有事可写，表达出自己的真情实感。所以在作文课堂中不仅要丰富学生的阅读量，实现以读促写，还要加强对学生写作方法的指导，怎样的作文开头可以更好地吸引读者，什么样的结尾可以更好地画龙点睛等，这样可以使学生更好地掌握写作技巧。

例如：在进行《父母的爱》的写作时，教师先给学生一定的时间，回忆自己在生活中有哪些小事体现着父母无微不至的爱，然后让学生组成小组进行交流，相互讲述发生在自己身上的故事。这样，在互动中不仅可以提升学生的口语表达能力，还能增强学生的认同感，丰富学生的写作素材，从他人的故事上获得感动之处，进而在自己的作文中能够更加细腻地表达出自己对父母的感恩之情。

（二）创设良好的教学氛围

互动教学是一个相互影响、交互活动的过程，这一过程需要学生的积极参与，这就要求教师创设良好的教学氛围，使课堂教学活跃起来。教学氛围的创设可以在教学的开始，教师通过有趣的事例进行作文课堂的导入，吸引学生的注意力，使他们带着乐趣投入接下来的学习中；接着在作文课堂教学中，教师要善于让严肃的课堂氛围变得轻松，鼓励学生自由发表意见或者组织学生进行小组讨论，教师应积极参与讨论，这样可以更好地实现互动教学。

（三）构建和谐的师生关系

传统的师生之间的关系是教师代表着知识和权威，学生不会也不敢质疑。但是这种关系下的课堂教学主要是教师进行灌输式的讲授，学生被动学习，不利于教学效率的提高。所以，在作文课堂上进行互动教学需要构建和谐的师生关系，教师和学生之间亦师亦友，学生不再畏惧教师，可以自由表达自己的想法和观点。同时，在互动教学过程中，教师要及时给予学生肯定的评价，树立学生的自信心。对学生的奇特想法，也不要予以否定，而是善于对其进行引导，顺着学生的思路鼓励学生开拓思维，勇于创新，不断培养想象力和创造思维能力。

（四）丰富互动教学的形式

互动教学是一种动态的教学形式，教学方法也不仅局限于某一种，可以是精选案例式互动，以案例为出发点，按照一定的解决程序进行解说、分析、解决等；也可以是主题探究式互动，根据主题双方进行讨论，条理清晰地说出各自的观点；还可以是多维思辨式互动，将讨论者分为正反两方，从不同的角度进行思维的碰撞；也可以是归纳问题式互动。无论哪种互动教学形式，都要在教学过程中突出学生的主体地位，提高他们的创新思维意识，开阔他们的视野。同时，互动教学的应用可以运用多种教学方法，教师通过不同的教学方法将写作主题呈现出来，可以更好地激发学生的学习兴趣。

例如：在进行《狼牙山五壮士》读后感的写作时，教师可以通过多媒体将狼牙山五壮士的影视资料进行播放，给学生以直观生动的印象，使课本上的文字鲜活起来，这样学生在阅读课文时会投入更多自己的情感。接着，在阅读完文章后，教师可以运用主题探讨式互动教学，让学生结合爱国主题表达自己的看法，并讨论在现如今这个和平年代怎样更好地体现我们的爱国之情。最后，在大家互动交流中进行作文写作，从而使学生更好地表达出自己的读后感。

作文课堂互动教学是一个循序渐进、不断优化的过程，教师要根据学生的反映和掌握情况调整教学策略，保证互动教学的顺利进行；同时，学生也要积极参与，及时互动，这样不仅可以提高课堂教学效率，还能提高学生的综合素质，促进学生全面发展。

第二节 语文核心素养与小学高年级 作文互动教学

基于语文核心素养的小学高年级互动作文教学研究不但重视课程实施过程，而且还着重强调其研究过程，这些可以协助学生探索新的事物，获得新知识的感悟与体验，帮助受教育者在受教育过程中不断地完善自身品质，全面发展。

一、核心素养目标下教师的互动指导

（一）教师指导学生审题立意

基于语文核心素养的小学高年级作文过程设计首先关注的是学生审题立意的视角。教育者在设计教学过程中，出发点应该是受教育者现有的知识储备，帮助其审题立意，让其知晓写作意图。知道自己想写一个什么样的人，他有什么特点，有什么与众不同的点。在教育者与受教育者的交流过程中，顺便进行导图演示，将受教育者的立意外化。

（二）教师指导学生构思选材

基于语文核心素养的小学高年级作文的教学过程不同于传统的"注入式"教学过程，而是动态生成的。基于语文核心素养的小学高年级作文的教学过程设计仍然以学生发展为本，教师激活教材，在教学过程中发展学生的逻辑思维能力。所以说，基于语文核心素养的小学高年级作文教学除了要立意，还要发展学生的逻辑思维能力。其中，材料的分类就是一项思维活动，教师要学会调用学生分析、概括的能力。

（三）教师指导学生筛选信息

构思选材之后，这些内容是不是都要写，什么材料能够表现其写作特点，满足写作要求呢？这就需要教师的引导示范，从而让学生懂得如何筛选信息，紧扣表达意图筛选出自己所需要的题材。

二、核心素养目标下互动教学设计

教学设计的重要组成部分包括方法设计，好的方法能够引起学生的注意并且激发其写作兴趣。教师若想要提高学科的教学质量，必须不断完善并使用新颖的教学方法。基于语文核心素养的小学高年级作文教学方法种类繁多，比如启发式、互动式、讨论式、观察法、质疑法、讲读法等。教师要注意的是，教学方法设计必须适合学生，符合学生的身心发展，有益于他们接受。与此同时，教学方法要适合教学内容，除此以外，还要注意教师的自身素质和能力。教师是根据课堂教学实际情况和教材文本来合理选择教学方法的。教学一篇作文时，我们首先要解决的问题是审题，那么，作文审题的方法又有哪些呢？

首先想到的是分析法。因为语文作文题目通常都是由几个词语组成，在审题时用分析法，就要先弄清楚题目中包含哪几个词语，审题时要逐个斟酌词语的意思，接着是搞清这些词语之间的联系并进行全面比较，明确主要内容，抓住重点，从而准确地理解题意。比如：《漂亮的花朵》是由"漂亮的""花朵"两个词语组成。"漂亮的"是限定说明"花朵"的，因此，"花朵"就是学生要写的对象。题眼是"漂亮"，作文重点是揭示花朵为什么是漂亮的。再比如，《一个擅长射箭的孩子》是由四个词语组成的，"一个"限制了对象的范围，也就是作者只能写一个人；"孩子"限制了人物背景，只能写孩子，不能是其他成人；"擅长射箭的"是对"孩子"的限制。这个题目的中心词是"孩子"，"一个""擅长射箭的"是对"孩子"的限制，也规定了这篇作文的内容。当然，作文的审题方法除了分析法，还有比较法、补充法等，可以根据实际情况选用。

基于语文核心素养的小学高年级作文教学要求，教师在课堂上教授这些方法时遵循"教师为主导，学生为主体"的原则，教学方法必须适合学生的学习水平和个性特征等。

语文教师在选择教学方法时必须充分考虑学生的个性差异，教学方法必须适合每一位学生，循序渐进地促进学生语言运用能力、思维能力、审美鉴赏与创造能力的发展。其中，文本内容也决定着教学方法的选择，以"军营原来是这样"为例，可以用"按图索骥"法进行教学。在写作"军营原来是这样"时，学生们的思维可以自由驰骋，每个人都可以描写自己想象中的军营生活，立意是多元的，但学生写的内容非常散，主要表达什么意思都心无定数，这其实是写作的大忌。因为一篇文章必须有作者想表达的主题思想。这时，教师可以和学生一起聊军营给自己的独特感受。通过交流，将学生们写作的主要内容集中在苦、累、严厉、温暖、规则的不可侵犯、毅力的考验等方面。为了教会他们围绕一个中心选择材料，教师应该建议他们先确定最有话说的中心意思，即叶圣陶先生倡导的"主想"。中心一定，教师就可以继续和他们聊：军训哪些环节最让你印象深刻？教师和学生一边聊，一边围绕中心筛选有说服力的材料，写什么也就能很快地心领神会。经过教师循序渐进地引导，学生再来写作，不但思想集中，且得心应手，个性鲜明，还有利于培养孩子自主学习的能力，激发孩子的学习兴趣和热情，也有利于加深孩子对作文立意的理解。

教师除了要对学生写作内容进行指导，还要在表达上培养学生的个性，也就是对学生思想观念的开放性和思维方式的多样性进行培养，这样真情实感便会自然流露。只有鼓励学生在立意、构思、选材等方面不断创新，鼓励学生举一反三，打破思维定式，在写作中写出自己与众不同的见解，文章才会有鲜活的生命力。基于语文核心素养的小学高年级作文教学方法能够让学生体验各种角色，体验人与人之间的真情与关怀。

三、核心素养目标下互动教学实施原则

在语文核心素养基础之上的小学高年级互动作文教学的实施原则就是将语文核心素养应用到小学高年级作文教学中所应遵守的准则。这些原则，将对基于语文核心素养的小学高年级作文教学的实施起到重要的指导作用。

（一）及时性原则

结合语文核心素养的及时性原则，即学生在完成作文之后，能够在较短时间内对学生的作文做出反馈，这样能够提高学生的作文水平。因为在较短时间内，学生对教师的评价结果十分关注，所以教师应充分理解学生的心理，及时把握学生的心理，尽量在短时间内将作文批改完，立即反馈给学生，让学生能

够及时总结自己的作文。

（二）发展性原则

结合语文素养的发展性原则，要求教师在作文评价过程中，把作文的发展联系到学生的成长中去，用长远的眼光看待学生当下的作文。语文教师如果能够用发展的眼光看待孩子的内心世界，体会儿童的心理感受，用儿童的眼光观察生活。那么，孩子会觉得教师在乎自己，爱自己，孩子的自信心也就能得到提升，并能创造属于自己的成功。

（三）启发性原则

结合语文素养的启发性原则，要求教师不能以讲代思，要通过点播、诱导，启发学生深度思考，挖掘知识潜力，让学生不仅知道怎么写，还要知道为什么这样写，逐渐提高学生的写作水平。只有通过启发，才能激发学生的作文思维。启发性的批语要多用商量的口吻，这样真诚、亲切的语言容易让学生接受，从而促使学生认真思考，达到完善作文的目的。

（四）多样性原则

语文教师工作量最大的莫过于批改作文。怎样寻求作文批改的新路子，减轻教师的负担，这是长期困扰广大语文教师的一个问题。批改多样化，能改变呆板、单一的批改格局，让教师从繁重的批改工作中解放出来，同时也让学生从批改中收益。多样化可以是"精批""略批"两种方式相结合，指导学生自改和互改相结合，个别批改和集体批改相结合等。这样，能突出学生的主体地位，丰富作文批改模式。基于语文核心素养的小学高年级作文教学的目的是让每位学生全面而有个性的发展。学生的成长发展不能一味地以分数和升学来衡量，也不能简单地以所谓"效率"涵盖。教师的教学质量也不能以所谓的学生考试分数来衡量，小学高年级作文教学对学生精神的陶冶和情感的熏陶这种内在的提升，同样是教学质量的考核内容。

四、核心素养目标下互动作文教学实施策略

遵守及时性、发展性、启发多样性原则是基于语文核心素养的小学高年级作文教学实施的重要保障，但是要把这种作文教学实践好，我们还须采用以下策略。

（一）加深教师的思想认识

写作显示了人的生命意志和本质需求。作为传道、授业、解惑者的教师，无疑是唤醒学生这种生命需求的倡导者、引领者，从某种意义上来说，学生作文思维的形成与教师思维的开放性有着极为密切的关系。教师只有解放思想、相信学生是作文的天才，才能让学生不是为了评判而写作，而是为了表达、为了交流而写作，是真正地写自己对生活的观察、对生命的感悟，用文字为生活拍照。因此，教师在作文教学中，要努力培养学生学习和实践的态度、思维和能力，引导学生主动地去发现、去想象、去探索，充分培养学生的创新精神并提升学生的综合实践能力，建立开放的教学观，为学生学语文、用语文开辟广阔的时空领域，同时强化学生的语文综合能力训练，提高学生的整体素养。

（二）开放表达的指导策略

1. 由重形式指导改为重内容指导

学生作文为什么"假、大、空"？这与枯燥的语文写作课堂和教师的教学形式有关。而基于语文核心素养的小学高年级作文教学尽可能地淡化了审题、立意等方面的指导，把作文指导的着重点放在内容上。即着重点放在指导学生学会观察社会生活，关注喜怒哀乐上，真正让学生从繁杂的、受束缚的条条框框中解脱出来，写亲眼所见，写亲耳所闻，写真情实感，品味生活中的真、善、美。

2. 由重课堂指导改为重课前指导

作文教学时，部分教师特别注重在课堂上滔滔不绝，精心指导。殊不知，学生仅仅是听得天花乱坠，收获的也仅仅是纯粹技巧性的东西。事实上，巧妇难为无米之炊，没有"米"，怎么能做出可口的饭菜？如果将这份辛劳放在课前，如十月份是学校观察节，让学生们到竹园、地理园、生物园等地方去实地观察，从而产生适当的想象，然后再写下来；组织学生参与各种各样的活动，爬山、赏花、猜灯谜、讲故事等，有了生活素材的积累，有了真实体验，谁还会说学生表达无物，抒发无情？

3. 由重套路指导改为重思路开拓

为考试而作文最可怕的就是告诉套路。南京师范大学有个教师，退休后写了一篇文章，发表在《人民教育》上。他当时就是教学生写套路，每次考试他们班的语文分数都非常高。但是他剖析自己时说，"其实我是在害孩子"。比如说，不管什么作文题，他都要求学生套用"屈原向我们走来了"或"鲁迅向我们走来了"的句式；杨朔《荔枝蜜》这篇文章，最后写："我变成一只小蜜蜂"。我们教师是指导学生不管写什么，最后都写"我变成了什么"。以上这些都是套路，都会僵化学生的思维。

基于语文核心素养的小学高年级作文教学对怎样写开头、结尾、过渡这些是不做要求的。如学生游览了公园后，可以让学生说说所见所闻及感受，有的学生直接描绘公园春意盎然的美，抒发自己对大自然浓浓的爱；有的学生刻画了人的言行，倾注了对公园内一草一木的关怀之情。这样的作文，这样的文体，是孩子内心深处的激情与感知。思路开拓了，学生思维也会受到激发，写作思路也会拓宽，学生的独特个性也会展现出来。同时，作文形式是不受限制的，一次作文，可以是纪实、想象，也可以抒情、状物，可以是日记体、书信体，学生有选择文体、选择表达方式和写作内容的自由，想怎么写就可以怎么写。

（三）提升学生的参与水平

1. 引导学生细心观察

观察身边事物是学生对外界事物感知的第一步。在观察对象方面，要由静到动，由小到大，由单一的、简单的事物到众多的、复杂的事物。语文教学中，观察、听、说、读、写等主要技能都同思维紧密联系，其中观察技能的形成又以思维的形成为标志。观察是人脑通过人的各种感觉器官对客观事物的一种认识过程。在观察中，如果学生不能正确地思考，观察的质量就会受到影响。只是，即使观察的方法正确了，也不一定能深刻认识观察的事物。学生的观察越细致、深入，他的语言就越丰富，思维也就越活跃；而儿童语言的发展，又可促进观察的深入。在教学中，教师不但要培养学生观察周围事物的习惯，还要引导学生注意观察细节，对身边的、大家共同关注的问题发表自己的看法。

2. 厚积学生创作素材

教会学生写作的方法，素材的积累是小学写作课堂设计的关键理念。言语文字是人日常沟通的工具，语言运用得好，文章的准确度也会得到提高。要准确地表达思想，充分地发挥文章的社会作用，就必须在语言上多下功夫，积累大量丰富多彩的语言材料，努力提高语言表达能力。语言材料的积累就是学生写作"文道"的积累，是为了解决小学生无话可写的问题。语言材料的积累，可以通过学校的阅读教学和学生课余时间的阅读补充来实现。语言材料的积累包括正字正音、选词炼句、连句成段、标点符号、修辞手法、表达样式等的训练。新课标要求小学高年级阶段课外阅读量达到100万字，这个规模的阅读量，其目的不仅是提高学生自主阅读理解的能力，还是学生积累写作语言的素材。

学生笔下的文字来源于现实的所见所闻。日常三点一线的节奏，学生会觉得非常枯燥，造成写作时不知道怎样下笔的问题。但是在实际活动中，学生经历了一些事，就会有东西可写。因此积极参加实际活动，不仅可以积累素材，而且写出的文章也会很有特色。写作应该回归现实生活，素材来源应是学生自己体验到的真实社会和其独有的感受。学生的作文内容应该注重进入生活世界，要接近学生的学习生活。学生的作文应该真实地反映其周围的生活境况，而走进生活的作文是以学生的亲身经历和日常生活的所见所闻为前提的，这将大大激发学生写作兴趣，便很少会出现"没话说"和"没东西可写"的情况。

3. 思想情感的积累

思想情感能够让我们理解和分享人类美好的情感，获得和他人共处的经验。写作的目的或是表达一种感受，或是抒发一种情感，或是倾向性地介绍一种事物等，无非都要在文中倾诉一种或多种思想感情或情绪倾向。只有特有的思想感情流露，才是真正的、有价值的作文。因此，思想情感是作文的魂魄，是写作需要积累的要素。教师指导学生写作文，关键在于让学生的作文流露真情，字里行间中蕴含丰富的情感。比如：写记叙文时既要记事，也需要生动形象的描述，这样才能让人有身临其境之感。除此以外，还可以写出对人生的感悟。当然，这些不是轻而易举就能做到的，需要有发现不同视角的眼睛、喜欢思索想象的脑子，才能有创意、见解与新意。学生及其作文的真情实感来自何处？来自对日常生活的爱，在爱中不断感受、品味生活，积累情感，这样做，写出的文章才能打动人，才属于有质量的文章。教师在课堂的每个环节都要有目的地引导学生做个有心人。

21

附：学生作文欣赏

我 的 妈 妈

五（3）班　蔡任炬

有一个人，她像家庭里的小太阳，永远地照耀着我这棵"小苗"，她就是——我伟大的妈妈。

妈妈有一张长长的脸，一双水汪汪的眼睛，每当我拿着高分回家，妈妈总是笑眯眯地对我说："你做得很好，不要骄傲，要继续努力，争取更好的成绩。"当我做习题粗心了，犯了错误，成绩下降了，妈妈皱着眉头严肃地说："做什么事情都应该专心思考，每次作业、习题都是一次小考，考试成绩下降了并不可怕，你要弄明白错在哪里，努力改过来，迎接下一次理想的好成绩。"

妈妈平时对我的学习也很上心。无论她有多忙，我的作业她都会抽时间一一检查，我不会的习题，她都想尽方法耐心地给我分析。如果我写字马虎了，她就唠叨着，打着比方来提醒我，要我仔细些，认真些。有时还安慰我："其实你也挺棒的，要是能改掉上课开小差这些坏习惯，就更棒了。"听了妈妈的话，我暗下决心，一定要改正粗心、课间开小差的坏习惯，努力读书，争取名列前茅。假期期间，妈妈会抽时间带我去旅游，让我增长见识，学习更多外面的知识。

妈妈！谢谢您那么爱我，关心我，给我一个温暖的家！总之千言万语汇成五个字：谢谢您，妈妈！

我的"唐僧"老妈

六（1）班　易嵘豪

我有一位"唐僧"老妈，她唠唠叨叨的，整天不停，似乎口里有无底洞，把所有说的话，一股脑地从里往外吐。

这不，我刚从学校回来，把书包往沙发上一抛，一屁股坐在沙发上，"唐僧"便开始"念经"了。

"怎么这么晚回来？上课认真听讲了吗？喝水了吗？还有……"不知不觉，一下子过了十分钟，在这十分钟内，我已经晕头转向了，耳朵开始发闷了。我现在只想静一静，便拉着书包往我的"小蜂巢"里跑，然后一进门就把门一关，心里高兴地喊道："耶！总算解放了！"但门后又开始响起念经声，我便无语地苦笑，唉，这还让不让人休息了。我真想拿个耳塞塞住耳朵，可这是我的"蜂巢"，除了书，还是书，哪里有耳塞呢？

我正在写作业之时，突然听到了"砰砰"的敲门声，我心里一惊，然后去把门打开，看见了拿着水壶的老妈，只听她说，天有点凉，多喝点开水。

我心里一热，真想说一句："您真好！"但我还是没说出口。

我能有一位"唐僧"老妈，我感到十分的骄傲。

我的语文老师

六（1）班　杨凡纬

教过我的老师有许多，她们都教给了我许多知识，使我受益万分，我对她们都十分感激。但是令我印象最深刻的还是我的潘老师。

潘老师教我六年级的语文。她戴着一副圆框眼镜，镜片后面藏着一双充满智慧的眼睛，仿佛能看清世界上的一切事物。她平时上课十分精彩，把枯燥无味的语文讲得生动起来。连平时见到语文都很怕的同学都会直起腰板全神贯注地听她讲课，讲到祖国历史时，她感慨万千；讲到高兴的课文时，她也会十分高兴；但讲到社会的黑暗和黑暗势力对劳动人民的欺压时，她的语气里充满了对黑暗社会的憎恨。她讲课这么投入，也带动了我们，我们仿佛觉得自己就处在课文里面，不禁陶醉其中，上完一节课，我们仿佛还沉浸在她那精彩的演讲中，久久回不过神来。老师这种上课的方法使我们对语文产生了浓厚的兴趣，因此，我们班的同学个个语文成绩都非常好。

老师平时上课有点久时，有一些爱捣乱的同学就坐不住了，开始东张西望，心不在焉。这时老师就会停下来，用她那双"火眼金睛"盯着他，当那位同学见到老师这样，知道老师是生气了，便乖乖坐好，认真听课。看！我们的老师就是这么厉害，无论是多调皮的学生，在她的管教下都会变成乖乖听话的好学生。

老师虽然上课时十分严肃，但是生活上的她是很和蔼可亲的，是善解人意的。

记得有一次，我在一次重要的考试时发挥失常了，因此成绩不是很理想。

这对于在全年级成绩名列前茅的我来说打击是有点大的。于是我整天闷闷不乐，饭也吃不好，觉也睡不好。老师见我这样，便问我怎么了。我把事情的来龙去脉都一五一十地告诉了她。她听了后，搂着我的肩，语重心长地说："凡纬，考试结果并不是很重要的，重要的是你在复习过程中，已经很努力了，便问心无愧了。不用太在意自己的成绩，它不能决定你的所有，你这次之所以考得差，是因为你太在乎自己的成绩了，这样你会紧张，才会考不好的。老师知道以你平时的成绩去考试，不可能是这样的水平。只要你好好复习，放轻松点，你一定可以的，老师相信你是最棒的！"听了老师的话，我仿佛觉得有一缕温暖的阳光直射我的心田，让我感到十分温暖。我感激地说："老师，谢谢您对我的教育，我已经想通了，我会努力学习的，不会辜负您对我的期望！"我们相视而笑。

潘老师，您是我遇见的最好的老师，您传授了知识给我，使我学到了这么多东西，您又教会了我做人的道理，让我受益匪浅。老师，您对我的谆谆教导我一辈子也无法忘记，马上就要分开了，我会想您的。我也会记住您的话，好好学习，将来长大有出息了再来报答您对我的教育之恩！

第 二 章

小学高年级情境式
互动作文教学

情境学习理论认为：知识是具有情境性的，知识是活动、背景和文化产品的一部分，并在活动中，在其丰富的情境中，不断被运用发展。情境教学为目标教学的一种方式，即教师将教学目标外化为一个学生容易接受的情境，让学生身临其境，有直观的形象可以把握，有浓厚的情绪氛围可以感受，让学生先感受、后表达。情境教学，针对学生思维特点和认识规律，以"形"为手段，以"趣"为突破口，以"情"为纽带，以"周围世界"为智慧源泉，以和谐的师生关系为保证，使学生在学习的过程中获得求知、认知的乐趣，使教学真正成为生动活泼和自我需求的活动。创设情境是语言训练的常用手段，它把学生带到具体的情境中，激发学生运用语言的内存动力，可使学生学习情绪高涨。创设形象直观的、新奇有趣的互动教学情境，可以刺激学生感官，创新学生思维，激发学生的表现欲，让学生有话可说可写，乐说乐写。

第一节　情境式互动作文教学的
理念与应用路径

作为语文教学的重要组成部分，作文教学是一项对学生学习和全方位发展非常有益的写作课程，并且在小学语文教学中占有优先地位，是进行沟通交流的书面练习。学生作文水平的高低一定程度上反映了教师的引导方法是否可取，是否适合小学生的学习，是否能让学生学习的快乐和收获知识的能力不断提升。只有多层次、多方面考虑问题并努力找出对策最终解决问题才能提高学生对作文的掌握能力和表达能力，从而提高学生的写作水平。因此，教师要通过情境的构建，让小学生对作文内容产生熟悉感，从而唤起其创作欲望，提高其写作能力。

一、情境教学的理念

在日常的学习中，作文写作需要一定的文化知识积累，经过文化沉淀后，再进行学习就会容易很多。但是就小学生所接受的知识而言，文化的存储量是有限度的，所以在学习中教师的作用就显得非常重要。情境教学法是一种非常有效的传递知识的方法。情境教学是教师根据需要传授的知识，设定独立的情境模式，让学生对所学知识的背景以及整体内容有一个大概的认识。当给学生营造一个身临其境的学习环境后，学生就能投入到学习中并融入课堂气氛中，从而影响学生对问题的思考方式。情境教学能够在小学的作文教学中产生同等重要的作用。教师在授课过程中，运用一些道具将课堂营造成将要写作的场景，给学生一种更真实的课堂体验，学生对写作主题理解得就会更加透彻，所表达的情感体验亦会更加细腻。这不仅活跃了课堂氛围，还会给学生制造与教师或同学交流发言的机会，对教学有很大的帮助。

我在课堂上用"未成曲调先有情"的话题引入，激发学生的兴趣。我通过谈话交流的方式让学生在轻松的氛围中介绍自己的家乡，从而引出本次的习作主题。具体做法是"交流家乡引话题""明确要求解疑惑""提问点评出清单"，最后总结："通过你们的介绍，我发现，你们的家乡是个非常可爱的地方！你们的介绍，让更多的人了解了你们的家乡。要知道，我国多少风景区在最初是名不见经传的，说不定因为你们的介绍，你们的家乡就会成为著名的风景区呢！这次习作就请小朋友们介绍自己家乡的景物。介绍的时候，要注意把景物特点写清楚，如能写上自己的想象或关于家乡景物美妙的传说，就更吸引人了！"

二、情境互动在作文教学中的建构应用

对学生来讲，情境教学最主要的场面就是日常的学习生活以及校园环境。在积极向上的学习氛围中，能激发学生热爱学习、努力学习的热情。但是相同的学校环境会约束学生的想象，使学生缺乏对社会情境的了解。因此教师在教学过程中，要注重对社会环境的情境教学，可以多次开展课外实践活动，以及其他志愿者活动。多多了解社会环境，有助于增强学生对情境多方面的认知。

（一）开展班级活动完成情境体验

小学高年级作文教学中，教师可以根据教学目标创设情境，帮助学生通过生活体验获得写作素材和灵感；可以带领学生开展班级活动，引导学生在活动中收集素材。

我在教学开始前，会征集学生对课外活动的想法，并根据实际情况调整活动内容。例如，我曾经利用课余时间组织学生举办"吹羽毛比赛"（学生两人一组，将羽毛吹向对方，让羽毛落在对方的"阵地"则获胜）。活动过程中，我引导学生重点关注参赛选手的动作和面部表情（语言神态等）。一位学生的作文是这样写的：激烈的比赛仍在进行着，两位"选手"面红耳赤，学生甲看准时机猛然发力，将羽毛吹到了学生乙的阵地，然后乘胜追击，连续发力，让羽毛继续深入。学生乙见状，赶紧吸起肚皮深呼吸，想要一口气将羽毛吹回去，逆转局势，可惜大势已去，羽毛无情地从学生乙的鼻尖划过，稳稳地落在

了他的阵地上。在我的指导下，学生对选手的神态和动作进行了重点描写。教师在举办活动时要引导学生观察活动场景和内容，活动主题要有趣，也要有教育性。我通常根据生活问题、社会实践、历史典故等设计活动主题，达到激发学生学习兴趣的目的。

（二）使用网络视频强化情境体验

随着教学设备的更新换代，教师进行情境教育的方法和手段相较于从前也更加丰富。使用多媒体设备可以有效强化情境体验效果，深化学生的感悟和体验，为作文教学打好基础。

例如：我在进行作文教学时，会挑选一些教育性较强的视频在课堂上播放，创造出生动情境的同时促使学生思考，沉淀感情。我选择的视频是《孝女彩金》，在播放前要求学生看完视频后概括故事内容，在我的引导下，学生对故事内容进行了高度概括：彭彩金出生不久就被亲生父母遗弃在祠堂，后来被家庭条件并不好的养父养母收养，长大后通过自己的努力走出生活困境。随后，我要求学生根据视频内容进行思考，并发表自己的感想。有的学生总结如下："鸦有反哺之义，羊有跪乳之恩。从彩金身上，我看到了中华民族孝顺父母的传统美德，看到了面对困难和挫折时的意志和勇气，看到了对生活和未来的憧憬和希望！我也要像彩金一样孝顺父母，多做家务，体谅父母的辛劳，长大后一定要好好报答父母。"在这次教学活动中，我利用视频进行情境教学，增加课堂的趣味性，为学生写作做了感情铺垫，积累了素材。

（三）根据校园风景完成情境体验

对于小学阶段的作文教学，教师要引导学生根据情境寻找写作灵感，发挥主观体验的作用，激发学生的创作欲望。例如写景教学时，我通常会指导学生调动多个感官进行景物描写，将相对抽象的感受转为优美的文字。

例如：以"校园风景"为主题的教学。此主题贴近学生生活，学生的课堂反应非常好，积极举手讲述自己最喜欢的校园风景。讲述过程中，学生沉浸在美好的回忆中，仿佛身处自己最喜欢的校园景色里。学生的范文如下：书香长廊位于教学楼的南边，全长100多米，分为三大间，96小间，远看像一条青龙横卧在那里。朱红色的柱子，黄色的横槛，顶上爬满了绿油油的大叶木藤，横槛上挂满了名人名言，有的让我们学习向上，有的教我们怎样做人。长廊的旁边是美丽的花儿，散发出各种各样的香味，一阵微风吹过，让人感到神清气爽。

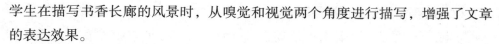

学生在描写书香长廊的风景时，从嗅觉和视觉两个角度进行描写，增强了文章的表达效果。

（四）结合社会热点完成情境体验

进行作文教学时，教师可以引导学生根据社会热点写作，例如，带领学生对社会热点事件进行情景扮演，帮助学生完成情境复现，加深学生对事件的理解，点燃学生的写作热情。

例如：我在一次作文教学过程中，播放了"老人在地铁上强迫学生让座"的视频，引导学生以"公共道德行为"为主题进行讨论，学生得出了"部分老人的行为确实不当，不过不能以偏概全，认为所有的老人都存在行为问题"的结论。为了帮助学生积累写作素材，我在讨论完成后组织学生进行情景表演，深化学生对事件的思考。教师需要适当地引导学生的思考，避免学生形成错误认识。

开展小学作文教学，教师可以组织班级活动，让学生进行情境体验，帮助学生积累素材，提高其写作能力。同时，教师可以借助视频、图片等强化情境体验效果，引导学生对社会热点事件进行思考。

三、作文情境创设的路径

（一）通过游艺活动来创设情境

绝大部分学生，天生就喜欢活动，尤其是低年级的学生，他们正处于天真烂漫的阶段。这些学生的世界里充满了色彩与生命力。他们感知这个世界的方式以直观、具体的形象及丰富的想象为主。所以对于此阶段的学生，我们应注重为其营造出生动形象的客观世界，使学生在形象思维方面及创造性思维方面得到充分发展，培养其能够准确进行造句的能力以及对语言片段进行描述的能力。

在作文教学中，将作文内容与活动两者相结合，学生作为参与者，写出的文章便会充满丰富的内容与情感。每个学期的教学中，我都会有目的地组织学生参与一些与自然、社会、生活相贴近的活动。例如，到参观家乡古迹、欣赏田园风光、参观科技园区、访问革命老红军、举办校园歌唱大赛、演讲比赛等，使学生通过缤纷多彩的课外活动来观察生活，汲取灵感，为写作积累更多的素材。

（二）通过实践活动来感受情境

实践活动亦是学生钟爱的活动方式。它不仅可以使学生养成自主参与活动的意识并且提升实践能力，还可以使学生感知实践、体验实践，从中获取丰富的写作素材。

如：为让学生可以真正写好《秋天来了》这篇作文，我特意组织学生到森林里、麦田里、果园里寻找"秋天"，引导学生仔细去观察、细心去体会，鼓励学生用自己的真情实感去写作。于是，学生们都十分踊跃。"森林里的树叶都变黄了，地上铺满了金黄色的落叶，远看像地毯一样，躺上去一定非常舒服……""麦田里的麦子都熟了，金黄的麦田随风摆动，农民伯伯脸上露出丰收的喜悦！""果园里挂满了果子，向我们摇晃着胖嘟嘟的身体……"这些精美的文字便从学生们的笔下悄然而生了。

再例如：我在进行习作《风筝》的教学时，让学生自由表述从做风筝到玩风筝、说风筝再到写风筝的过程。在整个过程中学生兴趣盎然，在参与中快乐地进行习作。

（三）通过表演活动来体验情境

根据学科具有的特点，采取"角色扮演"的方式让学生演绎写作题材中的各个人物。重新演绎或者创造性地演绎人物具有的音容笑貌以及言谈举止，使扮演者身临其境地体验此事件之中的人物与事件。也可以让其他小观众亲自观看事件发生的整个过程，进而使其在习作之中可以更加形象、更加生动地描绘出自己的见闻与感受，写出情真意切的好文章来。

如：在对五年级《狼牙山五壮士》小练笔进行教学时，我便采用了此方法。利用音乐以及相关影像进行烘托，学生进行分组表演，鼓励学生对故事情节进行创设。不论是表演者还是欣赏者都可以进入情境。低年级开展的情境作文教学，应该以师生共同扮演角色为主，激起学生的自主参与欲望和表演兴趣，提升学生口语表达方面及交际沟通方面的能力。

在掌握了传授知识的能力后，教师就要培养学生感受自然情境的能力。教师作为传授者，引导学生去认识更广阔的世界，不断开阔眼界才能提高教学水平。大自然带给人类的不仅是视觉上的享受，更是心灵上的净化。身处静谧的深林，身边鸟语花香，溪水潺潺，我们享受的不仅是精神境界的美好，更是心灵的飘扬。这般美好的自然环境，一定能激发学生对大自然的赞叹，笔下的文章自然写得流畅真实，充满真情实感。这一情境教学不仅可以提升学生的写作水平，还可以在思想境界上使学生的精神得到升华，陶冶了情操的同时还提升了自我写作能力，实在是双赢的事情。因此，创设自然教学情境对学生影响更深远，从根本上改变了学生的写作方向和提升了写作水平。

（四）通过音乐感染来营造情境

音乐可以很好地表达情感。依据写作所需题材，教师可以选取相对应的音乐来营造气氛，使学生进入相应的写作景象中，感染学生的情绪。

如：我在写作课上指导学生写《夸夸我的家乡》时，播放了许多有关家乡的歌曲，激发了学生对家乡的热爱之情，使其对家乡产生强烈的描写欲望；"三八"妇女节来临之时，写《妈妈》的时候，让学生吟唱有关妈妈的歌曲，眼前便会浮现母亲关心爱护自己的点点滴滴，学生内心便涌起对母亲的感恩之情，这些情感便会在作文中流露出来，文中塑造的妈妈形象便会更加丰满、更加感人。情境作文这种教学方式，创设的相关情境是对客观世界进行优化了的情境，具备人性化特点，有助于激发学生的情感体验、美感体验以及道德体验，促进其语言方面的发展，提升其口语交际方面的能力，全面提升学生的潜能素质，从而使其个性得到充分发展，将新的课程改革真正贯穿于作文教学之中。

在小学语文教学工作中，需要注重对学生的教育方法，创建情境教学是提升写作能力的有效方法。营造情境教学的方式会让课堂的学习氛围更加活跃，学生的学习积极性更高。与此同时，教师的指导会让学生的写作能力得到提高。

第二节　情境式互动作文教学之情境创设类型与方法

在小学高年级作文教学中，教师可以通过创设互动情境营造适合学生写作的氛围，激发学生的写作兴趣。教师可创设生活情境进行作文教学，指导学生更好地感知生活，鼓励学生自主挖掘有价值的写作素材，并记录整理，提高情境互动式教学的整体质量，为学生写作奠基。

一、互动情境创设类型

（一）师生互动情境

教师是课堂的组织者、指导者，在作文教学中，可以从不同角度创设情境，提升教学效率。首先，教师可以科学地创设师生互动情境，让学生积极参与，深入体会，获得感悟，写作时把看到的、听到的、想到的写进去，就不愁没素材了。

教师的指导非常重要，直接关乎学生的语言运用能力和思维发散能力。教师要通过有效指导帮助学生解决作文中经常出现的问题，通过有效的师生互动模式，结合具体的教学主题，指导学生探索交流，让学生结合主题表达独特的观点。教师也可以根据学生的思路和发言进行实时指导，给出具体的建议，这是师生互动的有效形式。师生互动，能够显著提高教学效率，学生学得快乐，教师教得轻松。例如：指导学生以"一次难忘的尝试"为话题作文时，教师要做好带头作用，和学生互动，先说一说让自己难忘的一件事，如第一次做饭、第一次独自坐公交车、第一次做叛逆的事等。通过这样的互动，不仅能活跃课堂气氛，还能增进师生之间的友谊，有利于帮助学生敞开心扉，将自己的真实经历写出来。通过故事共享，引发学生的思考和回忆，激发学生的写作兴趣，让作文课堂充满活力，避免出现教师在上面讲得眉飞色舞，学生毫无兴趣的情况。教师给出作文参考意见，学生积极调整写作方向，提升写作水平便水到渠成。

（二）亲子互动情境

除了师生互动，在作文训练中，教师还应鼓励学生表达真情实感，让文章更具感染力。互动情境的创设可以由多个切入点引入，教师可让学生结合具体的教学主题与父母有效互动，提升写作水平。

家庭是学生的第一课堂，家庭氛围对学生的性格养成具有巨大的影响。所以，良好的家庭氛围和父母间的融洽关系，是学生在成长道路上走得更稳健的助推器。教师可安排与父母相关的话题，让学生回家后和父母对话，互动交流。这样不仅能加强学生与父母之间的情感沟通，还能获得更多的情境教学感受，成为学生日后写作的重要素材。很多学生由于缺乏与父母的情感交流，作文没有真情实感，不能打动读者。例如：指导学生以"给妈妈洗脚"为题写作时，不少学生的作文中出现了这样的片段："晚饭过后，我将烧开的水放在盆里，加入适宜的冷水，端到妈妈的面前。看着妈妈伤痕累累的双脚，我的心像被刀扎了一样。"很多学生描述妈妈的双脚时都用了伤痕累累这个词语，这显然不符合实际，其实学生并没有认真观察妈妈的双脚。通过教学案例，教师要让学生意识到与父母加强交流的重要性，这也是教师在今后作文教学中应该重视的问题。

（三）内心独白情境

很多学生的文章流于形式，观点比较片面，这是语言能力不足导致的。教师可以指导学生从内心出发，进行情境互动教学，写文章之前与自己对话，构思怎样写才能抒发真情实感。

学生写作时难以融入真情实感，原因是年龄较小，没有丰富的情感体验，也难以挖掘生活中的情感因素。而通过创设和内心对话的情境，可以让学生不断地思考，更加全面地了解自己，作文时抒发情感会比较容易。因此，教师在教学过程中，要帮助学生养成写日记的习惯，将自己的喜怒哀乐及时记录下来，与自己对话。例如：教师可以每月提前布置一个任务，要求学生记录让自己印象最深刻的一天，思考如何抒发情感，真正与自己的内心沟通交流。学生在写日记的过程中创设与自己对话的互动情境，不仅能积累写作素材，还能锻炼抒发情感的能力，有效提高写作水平。除此以外，教师还可以组织学生写班级循环日记，按照座位顺序一天一人，一人一篇，循环往复，一学期下来每人能轮到五六次，数量非常可观。写循环日记最大的好处是，学生之间可以相互学习，学习别人的表达方式等。这种学习不是被动的，而是主动的，学生翻阅其他同学日记的同时就能学习。榜样的力量不容小觑，无形中的压力会促使他们更努力。循环日记还有利于培养学生的道德品质，很多学生写班级的趣事、写同学之间的互助、表达对父母的感恩等，传递了满满的正能量，使他们的品行向着积极的方向发展。

二、互动情境创设方法

（一）设计突发情境，激活学生的创作激情

随着计算机信息技术的发展，信息技术融入小学高年级作文教学已经成为一种动态的创作活动，形式多样，它改变了传统的作文思维习惯，逐渐形成了开放、高效的作文模式。现代信息技术仍在高速发展，随着探讨的深入，将会有更多的研究成果问世。在作文课上，教师可以运用多媒体等媒介精心创设情境。教师可以通过图画、音乐、表演等形式，让学生获得生动鲜明的直接印象，并让这种印象带着美感进入学生的意识，为学生展开想象做好有效的心理和情感上的准备。通过续写故事、听音乐描述、看图写话，实物演示、拼图等，让学生展开想象的翅膀，激活智慧的火花，拓宽思维空间，从而使学生的作文富有情趣和创造力。

例如：通过观察一幅世博会宣传画，写一篇想象作文。教师先让学生仔细观察画面内容，再展示学生搜集的一组相关图片，然后播放一组录音（欢呼声、掌声、国歌声），让学生闭目静听，再加上老师旁白："我们此时已坐上时光快车，转眼来到了2010年的上海世博会现场。听！多么狂喜的欢呼，多么热烈的掌声，多么庄严的国歌声……同学们，此时的你正在干什么？你看见了什么？"画面、声音、语言为学生提供了一个广阔的空间，点燃了他们思维的火花。他们有的把自己想象成奋勇拼搏、勇夺冠军的运动员；有的把自己想象成运筹帷幄、坐镇指挥的教练员；还有的把自己想象成记者，甚至是颁奖官员；等等。教师抓住时机，让学生通过合理想象，在尽

情地表达个人感受的同时，相互补充，形成思想的交流，很快便写出了许多精彩、感人的场景，拓展了学生思维空间。

（二）设计游戏活动，现场提供作文材料

写作材料匮乏，原因之一是学生年龄小，见闻偏少，确实没有丰富的生活积累。针对这种情况，送米下锅才是解学生燃眉之急的上策。教师可以组织一些有趣的游戏，让学生通过互动游戏找到写作的材料。

例如：为了提升学生在写作中的观察能力，我在教学时，布置学生准备好各种面值的硬币，然后在课堂上通过看、听、摸来比较硬币的不同，然后通过扔硬币来猜测硬币的面值。开始是教师做，让学生观察教师及其他同学的动作和表情。然后让学生自己上来做，达到生生互动的目的。随后是学生小组内做这个游戏，在游戏的过程中适当地让学生发表自己的观点，通过学生的说，达到互相启发、互相交流的效果，然后把观察的结果按一定顺序写出来，再写上自己的收获和感受。这次习作，学生的参与性很高，学生的学和我的教都极其轻松，在愉快的游戏中，学生已经写完了作文！而且学生的作文用词恰当，感受真实，有的写人物，有的写硬币，选择了自己独特的观察角度。互动游戏具有很强的趣味性和体验性，能深深地吸引住学生。教师如果采取游戏的方式，不仅能把枯燥的习作变成快乐的游戏，而且能在不知不觉中完成教育教学任务，这种形式能收到很好的教育教学成果。况且游戏是一个互动的过程，在这个过程中，需要生生相互协作共同努力，发扬团结互助精神。

（三）友情帮助，唤醒潜藏的作文材料

从根本上说，学生不会是空洞地走向课堂的，学生或多或少总有一定的生活积累。社会、家庭和学校的生活无不是丰富多彩的，只是留在头脑里的印象淡化了，被存放在一个角落里处于休眠状态，就好比把米藏起来，到了用米下锅时，却不知把米放哪儿去了。这个时候，最要紧的是唤醒学生潜藏的记忆，激活学生尘封的生活。全班有几十位学生，教师不可能对他们的所有情况了如指掌，单靠教师一一去唤醒是不可能的，也是不现实的。但这几十位学生，同时也是一项宝贵的资源，这是有利条件，要充分利用。

好的做法是作文题出来后，不要让学生一个个苦思冥想，搜肠刮肚，孤军奋战，而是利用生生互动，发动一场群众运动，打一场人民战争。同学们可以发出求助信号——举手示意找不到米（写作材料）了，也可以友情帮助——指出米藏在哪了。

（四）互助协作，选定作文材料

当今是话题作文的天下，这类作文要求宽泛，学生选材有充分的自由空间。但对小学生来说却无异于老虎吃天，无从下口，不知道该选择什么来写，有的同学说："倒不如来一些具体实在的题目，叫我咋写就咋写来得自在。"针对这种情况，我也曾专门给学生讲过话题作文的选材技巧，但学生听得云里雾里，摸不着头脑。我认为，小学生阅历浅，心智还不大成熟，不易领悟其中的奥妙。怎么办呢？

经过一番思考，我完全扔下这些方法技巧，采用一种比较原始的方法，就是"互助协作，选定作文材料"，经实践，还是很有成效的。具体做法是，看到一个作文题，全班同学每人至少上黑板围绕这个题目写一句话，可长可短，随意涂鸦。这样一个大话题就转化为几十个甚至上百个具体的题目，然后由同学挑选最有话写、最想写的来写。结果写出来的作文选材是五花八门，内容无所不有，相当生动，相当精彩。在互助协作中，成员之间可以互相交流，彼此讨论，共同提高，既充满温情和友爱，又像课外活动那样充满互助与竞争。每个人都有大量的机会发表自己的观点与看法，倾听他人的意见，使学生有机会锻炼交际能力，当学生们在一起互相帮助，主动地参与整个教学活动的全过程，变被动学习为主动学习，学习便成为一件轻松和愉快的事情，在互助中学生乐学、思学、会学、勤学，由此形成教与学的良性循环。社会生活是写作的源泉。生生在互动中获得同伴的期待和强化，其相互作用与师生互动相比更紧密、更亲切、更丰富，更便于直接地从同伴那里获得行为的方式和思想上的交流，从而慢慢培养起沟通、合作的技巧，为以后步入社会打下良好基础，也使学生学会搜集、积累写作教材。

（五）建构对话情境，丰富写作技巧

《鸟的天堂》这篇散文，语言优美，是著名作家巴金1933年5、6月间南游广东时写的，被人教版、冀教版、沪教版、S版等多种版本选编其中，可见这篇散文的价值与影响力。在S版中，编者把它编排在"动物"单元中，目的在于增强学生对动物的好感，感受人与自然的和谐相处。本文结合实际，在尊重学生主体地位的基础上，重点引导学生与文本、语言、作者进行多角度对话，最终生成精彩课堂。

1. 与文本对话，积累经典语句

教材只是例子。对学生来说，也许文本内容不是最优美的，但却是最合适他们的。这里的最合适，不仅仅是指阅读，还包括借鉴与学习，实现文字迁移。相对而言，这篇散文语言优美，很多词语用得非常精确，因而教师在引导学生与文本进行对话的过程中，在引导学生进行品析的过程中，更需要引导学生进行积累。比如描写群鸟嬉戏场面，"到处是鸟声，到处是鸟影"；比如描写榕树，"一簇堆在另一簇上面，不留一点儿缝隙"等。

积累最好的方法，就是让学生诵读。对四年级的学生来说，他们的记忆力正处于黄金时期，因而让他们理解最好的方法也是诵读。书读百遍，其义自现，如果可能的情况下，教师需要组织学生进行诵读，乃至背诵，从而完成"原始"积累。同样，整篇散文节奏鲜明，朗朗上口，适合诵读背诵。课文开头大多是短句，比较简洁，而写榕树，静态的榕树，则大多用长句，描写得非常生动，细致；至于写群鸟，则直接用词语代替句子，并且长短错落，给人一种动感，急促的动感。因而对此课来说，最好的方法就是让学生读，大量地读，让学生在读中感悟，在积累中感悟。

2. 与语言对话，借鉴景色之美

阅读指向写作，对本文来说，一个最大的亮点，就是作者巴金能够抓住景物特点，对榕树和鸟群分别进行静态与动态描写。而这也是本文的教学目的之一，更是编者编辑意图之一。因而引导学生与语言、与作者，乃至与编者进行对话，就必须认识到这一点。比如针对榕树，作者就是按照由远及近的顺序进行描写的，先写占地面积大，接着写与朋友的争论，主要目的在于彰显榕树的大；最后再近写榕树，写其枝干与绿叶，从而展现榕树生命力的顽强。

还有群鸟嬉戏这一部分场面描写，先整体描写，再进行局部描写；在整体描写中，先描写鸟"声"，再描写鸟"影"，这是从听觉到视觉；而在局部描写中，则先写鸟的"样子"，再写鸟的"动作"，这样就更能凸显鸟的多种多样，给人一种身临其境的感觉。具体教学中，教师需要引导学生在品析的过程中，进行借鉴，模仿，可以让学生先写身边的景物，或者小动物，尝试采用一定的顺序进行场面描写，这样不仅可以有效提升学生的语言表达能力，而且还有助于他们对文本主题的理解。

3. 与作者对话，共鸣自然之心

语言文字，乃至顺序，仅仅是表象，理解文本，更多需要的是准确理解文本主题，准确把握编者意图。其实，编者在这一单元开头就明确了目标，即"进一步了解我们人类的朋友——动物"。换句话说，也就是要让学生有一颗自然之心，懂得与自然，与动物和谐相处，这对当前环境越来越恶化的现实生活来说就显得更为重要。而对本文教学来说，前提是要让学生感受自然的美，与作者在情感上产生共鸣，感受到榕树的生机勃勃，感受到鸟群的和谐之美。

比如这一句"这美丽的南国的树"，以及文本结尾中"那'鸟的天堂'的确是鸟的天堂啊"，就是作者情感的迸发。在阅读教学中，教师需要引导学生与作者进行深度对话，感受其对"南国的树"由衷的赞美，感受其对"鸟的天堂"生命的热爱。教师还需要组织学生进行讨论，让他们思考之所以那棵榕树能成为"鸟的天堂"，最根本的在于周边人们的保护，并由此过渡到学生生活中，让学生谈谈自己对鸟雀、对青蛙、对蛇这些小动物应该怎么做，这样在讨论中就能深化学生对自然的认识，感受到环保的重要性。

第三节　利用多媒体建构作文互动情境

随着科学技术的不断进步，信息技术的飞速发展，多媒体技术教学正逐渐走入课堂。多媒体技术的应用能创设"声、色、光、电"俱全的教学情境，使教学直观形象、生动有趣，使学生产生浓厚的学习兴趣，在欢乐的情境中获得知识。因此，多媒体技术在许多学科中都加以运用。在小学高年级习作教学中，利用多媒体技术培养学生的创新能力，是提高学生综合素质的重要途径。语文阅读教学的目标一般是，要求学生理解文章的词语意思，概括段意，把握主旨，领会作者意图，辨别文体和做出问题的答案。在这样的思路指导下，学生的想象力很难发挥出来。而在语文课堂教学中，教师适当运用多媒体，可以激发学生的灵感。在进行作文教学时，可以运用多媒体建构互动情境，激发学生想象力，从而做到言之有物、言之有情。

一、多媒体互动情境培养学生的观察能力

观察能力的培养，是提升学生创新能力的基础。科学家"牛顿"在上小学时就很注意观察周围的事物，他在10岁时，通过观察天体运动，发明了能准确记录时间的"太阳钟"。作为小学教师，我们要从小培养学生的观察能力，让他们学会观察生活中的人和事，从事物中找出本质，从而用科学的眼光去看客观存在的事物，用科学的思维去分析不同事物之间的联系与异同。

例如，在教学六年级下册第三单元《两小儿辩日》中两小儿争辩太阳什么时候离人近什么时候离人远时，用科学的道理去解释的时候，很多学生不明白，我就先给学生放了几张在不同的环境背景下太阳出来的幻灯片：有视野开阔的大地、有高山、树木等不同的参照物体……让学生认真观察，找出各个参照物的相同之处和不同之处。同学们经过观察后纷纷举手发言：有的说，他们

居住的环境不一样；有的说，他们的光线不一样；还有的说，虽然他们时间不一样，但是无论怎样太阳都是不变的。虽然每个学生的发言，并不都是那样全面、尽善尽美，但每个孩子的眼光都是独特的，当孩子们将自己观察到的情况拿出来与大家分享时，既是学习的过程也是收获的过程，他们的每一点发现都值得被鼓励。

二、多媒体互动情境激发学习兴趣和探究欲望

英国教育学家斯宾塞认为："坚持一个人无论怎样也不过分的事情，就是在教育中应尽量鼓励人发展的过程，应该引导学生进行探讨，自己去推论，给他们讲得尽量少些，而引导他们创造发现的应该尽量多些。"教育学家斯宾塞的话告诉我们，作为一名教师，在教学时应该时刻牢记，学生是学习的主人，所有的教学活动都应围绕着学生展开，我们应该创造一切条件，积极引导学生进行创造性学习。

小学生由于知识面较为狭窄，容易对周围的事物产生强烈的好奇心理和探究心理，越是具有创新意识的学生好奇心和探究心理越强。我们要利用课中一切可能激发学生好奇心和探究心理的因素，有意识地激发学生的学习兴趣，"导入新课"的环节，可以产生一种"课伊始，趣已生"的效果，更应该贯穿于课堂教学的全过程，使外在的情境与内在的好奇，不断撞击，不断协调，从而促使学生在课堂上能始终保持良好的学习心境，自觉地参与学习和探究过程。小学生的一个重要特点是好动、好问、好奇，容易被新鲜事物吸引。在习作教学中，我们可以引用新颖、有趣、带有挑战性的问题作为课堂导入，如日常生活的小事，来引起学生的兴趣。

例如：在教学关于环保方面主题《保护森林，节约用纸》时，我先出示课件，课件中有几个小男孩正在用废纸折飞机玩，地面上到处是纸飞机。让学生看完课件后提问：这几个小男孩这样的做法对不对？在现实生活中，有不少同学曾经玩过纸飞机，这是发生在同学们身边的小事，这样的导入引起了学生的兴趣，同学们热烈地讨论着，争着发表自己的看法。有的说他们这样做不对，因为他们玩了飞机没有把地面收拾干净，这种做法破坏环境卫生；有的说他们这样做是对的，因为他们是用废纸在制作玩具，是变废为宝的好方法；还有的同学说他们这样用废纸折飞机是对的，但是玩了以后应该

把废纸收拾好卖掉。通过辩论，学生明白了废纸的妙用，认识到在生活中要节约用纸、循环利用废纸。学生围绕着这些生活问题去探究、去思考时，也提升了他们的创新能力。

三、多媒体互动情境丰富信息收集与整理

口语交际与习作的开放性，决定作文教学不但要在课堂上进行，更要注重课堂外知识与生活的延伸。在每册教材中，都有一部分内容可以让学生通过网络学习完成。当前，我国小学教育条件的改善已使相当大比例的学校具备上网的条件，在学生的家庭中，也有相当一部分家庭具备上网的条件。通过网络，学生可以和全国甚至全世界的小朋友一起协作学习，探索主题，互动交流，扩大视野。

例如：在教学《种瓜得豆》这篇科普学的课文时，对于"基因和转基因技术的应用"这一问题，学生可以在网络上与不同的小朋友开展讨论学习；还可以自己在网络中寻找资料，把从网上获得的资料进行收集与整理，然后提出自己的见解，并与其他同学交流、质疑。在此基础上，学生说出自己的感受：基因是人体细胞中最基本的单位，基因可以转移，通过转基因技术可以培植出更多的新生事物……通过网络，学生学得认真，同时培养了收集和整理信息的能力。

四、多媒体互动情境培养学生的实践活动能力

皮亚杰指出："儿童只有自发地、具体地参与各种实际活动，大胆形成自己的假设，并努力去证实才能获得真实的知识，才能发展思维。"只有让学生积极地投入实践活动中，才能将知识转化为能力，才能更好地培养学生的创新意识。

语文学科的大课堂实践活动既可以通过课堂教学进行，也可以组织学生在家庭和社区合作完成。不管是课内，还是课外的实践活动，都要格外重视培养学生的想象力、发散思维、合作意识，这些都是培养学生创新意识的最基本要素。

（一）在实践活动中丰富想象力
想象是我们的大脑对已存储的表象进行加工改造形成新形象的过程。亚里

士多德指出："想象力是发现发明等一切创造性活动的源泉。"要创新就必须会想象。因此，在教学实践活动过程中，要充分利用学生已有的生活经验和对动手操作的兴趣，激发学生思考问题的积极性，拓宽学生思路，让学生张开想象的翅膀，培养和发展学生的创新意识。

例如：在教学"春天的花"作文活动课时，课上让学生制作春天的花。在课前我先给学生出示不同形态的花的课件，课上通过投影出示学生带来的不同材料。然后再让学生根据自己所带的材料，发挥想象设计出不同形态的花。一会儿，学生们分别用毛线、电线、吸管、蛋壳、各种彩纸、布等材料制作出形态各异的花：有圆形的，椭圆形的，还有半圆形的；有全开的，半开的，还有花骨朵。学生制作的花各不相同，有的连教师都想不到。我对学生的作品给予了鼓励和肯定，更激发了他们的创作兴趣。学生只有勇于想象，勤于想象，善于想象，才能迸发出创新的火花。

（二）在实践活动中发展发散思维

发散性思维就是对问题的解答或者解决问题的方法不局限于一种，而是多种方法的演绎和推导。在教学中设计开放性的问题，引导学生打破原有的思维定式，通过尝试和探索，对原有的方法进行改革和创新，是发展学生发散思维的有效途径。课堂上的实践活动对整个课堂教学非常重要，在整个课堂教学中占较大的比例，这一过程就是对学生创新意识闪光点的积累过程。

例如：在教学"'六一'大策划"这一主题活动时，我给学生播放小朋友过"六一"的录像，然后让学生通过讨论自由发表对"六一"儿童节的想法，并引导学生根据自己的特长、兴趣和活动内容进行分工合作。学生想出了许多好点子，如去广场画画、制作玩具、举行化装舞会、与山区学校的小朋友手拉手活动等。学生这种所谓"触类旁通"的学习方法，正是来自思维和知识的迁移。

（三）在实践活动中强化合作意识

在实践活动中，以小组活动为基本形式，建立合理的竞争机制，激励全体学生互相合作。小组之间开展竞争，让每一位学生的个性得以发展，特长得以锻炼，素质得以提高，最终走向成功。实践活动以追求学生人人进步为最终目标，以合作学习小组为运行载体，以小组团体成绩评价为导向，激发竞争活力，强化合作意识。

在教学中，我总是将学生分成几个小组，最后通过用课件播放掌声、鲜花、笑脸等不同的表扬方式，评一评哪组同学做得最好。激励学生在动手做的过程中，注重个体心理品质的训练、健康心理素质的养成、互助协作团队精神的形成，使学生从集体的利益出发，让他们明白成功属于自己，也属于集体。

（四）在实践操作中体验成功的快乐

苏霍姆林斯基说过："在人的心灵深处，都有一种根深蒂固的需要，这就是希望自己是一个发现者、研究者、探索者。在儿童的精神世界里这种需要特别强烈。"每个学生总是希望自己成功，总是希望能得到教师的赞赏，可见，让学生在实践活动中体验成功的快乐是非常重要的。

教师应尽力满足学生的成就需要，帮助学生树立信心，帮助他们依靠自身的努力获得成功和从知识的获益中得到满足，让他们体验成功的快乐，在过程中总能保持浓厚的学习兴趣，激发学生内在的学习需求，促使每一位学生愿学、乐学、会学、善学。

例如：在教学中，不管学生最后的实践活动做得怎样，我们都要肯定学生参与活动的行为，都要肯定学生为实践活动付出的努力。我们还应当众表扬一些成绩平平的学生，而这样的表扬他将终身受益。斯宾基说过："求知如果能给学生带来精神上的满足快乐，即使无人督促，也能自学不辍。"

实践活动是智力结构的五大要素之一。学生的亲身体验和感知有利于获得感性经验，从而实现其认识的内化，促进理解力和判断力的发展。学生正是通过摆弄客体获得关于客体的表象，进而上升为理性认识。教师应该尽量给予学生更多的实践活动机会，提供丰富的材料，让他们可以自己得出结论，并取得创造性的结果。小学生的生理决定了他喜欢动手、善于动手的特点。动手，可使人的大脑发达；动手，可使小学生把想象变为现实。当小学生通过自己动手得到创新成果时，会感到无比喜悦和自豪，会激发他们不断创新的兴趣。

习作的开放性，决定着要培养学生的创造力，提高生活与学科教学的效率，不仅要立足课堂，更要面向生活，走进生活。这就要求教师在教学设计时，要把学生的课外生活结合起来，组建一条由"课堂——课外——课堂"的训练"主线"，按照"课中学——课中练——生活用"的直线训练，发挥多方面的优势，互补共存，在生活实践中求得创新能力的发展。

附：学生作文欣赏

德天瀑布·飞瀑仙境

五（5）班　廖焯莹

我书桌上竖放的一张照片中，一家三口的脸上绽放着灿烂的笑容，身后一道瀑布奔腾激流。每当我看到这张照片时，都不禁回想起去年暑假游览德天瀑布的情景。

离德天瀑布还有好几里，就听到"哗哗"的水声，一股云雾从林中升起，如同电影里的蓬莱仙山一般。一进景区，首先映入眼帘的就是德天瀑布的英姿：急速的水流从山顶飞流而下，溅起的水花就像在半空中盛开的朵朵白莲花。我们纷纷跳上观光竹排，向瀑布近处驶去。坐在竹排上，看着湖水淡蓝清澈透底，一直延伸到远处淡蓝色的天，更真切感受到"秋水共长天一色"的诗情画意！到离瀑布数步之遥处仰望，那飞瀑愈显壮观。你看，那洪流直冲而下，在阳光的照耀下，像是悬空的彩链，珠花乱迸；又如巨龙吐沫，漫天狂舞，以飞流直下三千尺的气势，在湖面上激起了晶莹的浪花，发出轰隆隆的巨响，大大小小的水珠，随风飘荡，如烟如雾，不时飞溅在游人的脸上、发上、肩上，让人感觉到特别清爽。这时，在水天相接处，宛然出现一道美丽的七色彩虹，给周围的景物披上了梦幻霞衣，和这云山缭绕、飞瀑清泉形成了一幅无比瑰丽雄奇的画卷。太美了，这简直就是人间仙境！许多人都欢呼起来，纷纷拿出相机合影。随着照相机"咔嚓"一声，镜头定格了我们一家三口的欢颜。

江山如此多娇，引无数英雄竞折腰。德天瀑布的壮丽奇观，深深地震撼我的心灵，更燃起我对祖国大好河山的热爱。我暗暗下定决心，今后要加倍努力学习，增长才干，将来把祖国装扮得更加美丽！

那句话我忘不了

五（6）班　邵程杰

"世上无难事，只要肯攀登。"这句看似很平常的名言却让我明白了一个深刻的道理，也让我想起了一件事。

记得九岁那年，爸爸给我买了一辆自行车。因为这是我第一辆自行车，所以我高兴得手舞足蹈。

早上，阳光明媚，爸爸带我到宽阔平坦的广场上教我如何骑自行车。首先，爸爸给我做一个示范。只见他平稳地坐在车上，左脚先蹬，右脚紧接着蹬，车子便开动了起来。接下来，便到我了。我学着爸爸的样子，使出全身力气蹬自行车。自行车一会儿偏左，一会儿偏右，一会儿几乎要把我给摔下来似的。我胆战心惊，一不小心便摔了一个狗啃泥。爸爸看了，走过来跟我说："不要害怕，先把车子给平衡住，相信自己。世上无难事，只要肯攀登。"听了爸爸的话，我那"放弃"的念头顿时消失在九霄云外。我再次骑上自行车，可我又摔了下来，但我想起爸爸说的话，忍住疼痛，骑上自行车。我却又摔了下来，再试……

不知试了多少次，我终于成功了！此时，我心潮澎湃，也浑然不知身上的伤痕。爸爸看到我此时的神情也露出了欣慰的笑容。

从此以后，当我每次遇到困难时，都会想起爸爸说的那句话。是呀，世界上没有什么事情是办不到的，只要努力就会成功。

蚂蚁的一天

六（1）班 李馨儿

今天，蚂蚁们又要到外面找食物。它们在操场上排好队，蚂蚁将军一声令下："出发！"蚂蚁们便跑步奔出洞口。

大家今天得到的东西真不少！有饼干渣、蚂蚱、糖果、鱼骨头……蚂蚁将军它连忙叫来几十只蚂蚁，和它一起搬那只大青虫，蚂蚁们冲到大青虫身上咬，但大青虫一点儿也不在乎，它慢慢地扭了扭屁股，蚂蚁们就全部掉了下来。蚂蚁们不灰心，它们又去叫了几百只蚂蚁，大家一起战斗。蚂蚁们飞快地奔了上去，拼命地咬。大青虫有点害怕了，它往左转了几圈，又往右转了几圈，可是只掉下来几只蚂蚁，其他的蚂蚁都紧紧地咬着大青虫。最后，全身爬满了蚂蚁的大青虫终于被打败了，众蚂蚁齐心协力地把大青虫搬回洞里。

一只警察蚁跑来报告说："将军，有十只工兵蚁到邻国的餐馆喝酒去了。"将军大怒说："把它们给我捉来，大家都在这里劳动，它们却跑去吃喝，太不像话了！"警察蚁便去捉拿在酒馆里的工兵蚁。

一会儿，警察蚁把那些进餐馆的蚂蚁押了上来，将军叫道："把它们押进大牢，严加看守！"听完将军的话，警察蚁便把它们押回了洞里的牢房。

蚂蚁们一天的劳动结束了，那些勤劳的蚂蚁得到了奖赏，而那些偷懒的蚂蚁受到了惩罚。

内心的斗争

六（3）班　梁艺馨

诚实，是每个人都应该具有的品质。美国的富兰克林曾经说过这样一句话："失足，你可以马上恢复站立；失信，你也许永难挽回。"我也曾经历过这样的事情。

那是一个晴朗的周三，我们早上考了一张单元测试卷，下午老师就发卷了。老师在念分数时，我心惊胆战，怕自己考糟糕了，我还索性趴在桌子上发呆，这样，如果老师念到我的分数是差的，我还有可能逃过一劫呢！当老师念到我的名字时，我手中捏了一把汗，更是害怕极了。"梁艺馨，一百分，掌声鼓励！"老师说。"什么！我一百分？"我都被吓到了。伴着同学们雷鸣般的掌声，我走上了讲台，捧过一百分的试卷，心里乐滋滋的，我想：太好了，竟然考了一百分。

老师开始讲题了，讲到解决问题时，我发现我错了一道题，可老师没发现，还打了钩，我心里想：这道题5分呀！我应该只有九十五分而已的，不管了，反正没有人看见，改过来不就行了吗？可是，如果这样做……因为这件事一直让我烦恼，老师接下来评讲的题我一道也没有听进去。

回到家，我趴在桌子上拿着试卷发呆，两只精灵出现在我脑海里了。黑精灵说："没事的，改过来就行了呀，那道题5分呀，你舍得吗？"白精灵却说："艺馨，我问你，分数重要还是诚信重要，诚信是无价的呀！你必须去向老师说清楚！"经过我的再三考虑和精灵们的百般吵闹之后，我还是决定去跟老师说，因为我想做一个诚实守信的好孩子。

来到学校，我鼓起勇气，走进老师办公室，把事情一五一十地告诉了老师，老师不仅帮我改过分数来，还到班上表扬我，说我是个诚实的好孩子。这件事让我明白：诚实比金子更贵重。

第 三 章

小学高年级体验互动式
作文教学

　　基于语文课程标准，对高年级小学生的写作提出了这样的要求：养成观察生活、体验生活、思考生活的习惯，能及时记录自己的所见、所闻、所思、所感。这也就是说，高年级小学生的作文教学主要还是围绕学生的实际生活展开。只有学生自己在生活中真实体验，才能在仔细观察、内心感受和思考体悟中升华情感，促成一篇篇妙笔生花的文章。我国教育学家叶圣陶先生也曾经说过，写文章决定于作者的认识和经验，认识和经验是怎么样的，写出来的东西就是怎么样的。显然，他对"体验互动式"教学持肯定和支持的态度。不管是以前还是现在，写作源于生活都是写作教学研究道路上不变的旋律。

第一节　自然生活体验作文教学
——人与自然互动

　　自然生活体验是体验者在自然环境中的生态体验，包含已有经历激发的内心感受和体会，与生命存在内在联系，侧重于对人与大自然之间关系的领悟，是人与自然的互动。不管贫穷还是富裕，不管男性还是女性，不管活泼还是木讷，每个学生都能在清澈小溪里聆听潺潺的声响，在北风呼啸里欣赏娇艳的梅花，在骄阳似火里感受夏日的热辣，在群星璀璨里享受夜晚的恬静……那些美好的时光就是流动的诗，值得我们去认真关注，去细心体验。体验式互动作文教学以"体验"为核心，关注学生在日常生活中的熟悉事物、亲身经历，借助经验，来感悟理解外物时所感受的心灵震颤，体验生活的乐趣，形成自主的写作动机。

一、启发自然感悟

　　20世纪上半叶，我国伟大的教育家陶行知先生在借鉴美国教育家杜威的教育思想后，提出了"生活教育"的概念。他认为，教育的根本意义在于生活的变化。因为生活是无时无刻不在变化的，所以生活也就无时无刻不包含着教育的意义。简单来说，就是"生活即教育"。那么，写作教学作为教育教学的一部分，也应该要和生活（尤其是自然生活）相融合。

　　生活是作文教学的根基，是作文教学的依据。回归真实的自然生活，就能在作文教学中植入生活的基本特质，摄入生活的精彩片段，从而把作文教学与自然生活相联系。叶圣陶老先生曾经说过，生活充实了，才可能表达和抒发出真诚深厚的情感来。也就是说，只有不断扩充学生的生活积累，引导学生走向多姿多彩的生活，学生才可能情满胸襟溢笔端，把真挚的情感抒发为牵动人心的曼妙情思，流泻成滔滔汩汩的妙手美文。现在的学生，尤其是城市里的学生，很少有机会去田间、果园里走一走，很少有机会在花坛、草丛里看一看，很少有机会和小虫、小虾一起玩一玩。我们教师就要为学生提供接触大自然、感受大自然的机会，并恰到好处地给予实时指导。

（一）指导观察方法

想要获得丰富的体验，就必须为学生提供经历和体验的机会。但是面对同样的事物，不同的人的内心认识是不同的，这就决定了体验的不同程度。所以，要使学生有深刻的体验，就必须教给学生认识事物最基本的方法——观察。

除了用眼睛直接看，用口询问、用舌品尝、用手触摸、用笔绘画、用肢体模仿都是常用的促进观察的好方法。用鼻子饱嗅、用耳朵倾听、用手指剥开等方法，也能引导学生进一步了解事物。调动各种感官的同时，还可以运用定位观察、移位观察、比较观察、变幻观察（包括变换观察对象的时间关系和空间关系）等观察方法，多时段、多角度、多方位地展开细致入微的观察，并在全面了解观察对象有关信息的前提下，启发学生重点关注观察对象的基本特征，从而提高观察效果。唯有做生活的有心人，以一颗好奇之心关注生活、观察生活、感悟生活，才会发现生活中处处充满新鲜感，处处洋溢诗意。

（二）触发个性思维

小学生作文的灵魂在于童真童趣，小学语文教师进行作文教学时就应该站在学生的角度，指导学生发挥形象思维的力量，自由自在地表达。简单的事物一旦在脑海里与丰富的思维结合于一体，一切都将变得奇妙无穷。小学高年级的学生正处于少年期，又称学龄中期，是从童年期向青年期的过渡阶段，充满独立性和依赖性、自觉性和幼稚性的矛盾。思维能力的不断发展，引发他们强烈的独立性，所以他们开始关心内心世界的变化。

教师在教学中，必须遵循学生的年龄特点和身心发展规律，不仅要培养学生思维的主动性、准确性，还需要启发学生思维的灵活性、广阔性、敏捷性、深刻性、批判性、逻辑性以及独创性。用发散思维、创新思维去审视事物，学生才能尽情展开想象的翅膀翱翔于广阔的文学天空，利用再造想象和创造想象赋予事物独特的生命力，妙笔生花绘出属于天真心灵的风趣幽默，绘出属于无限遐想的天马行空，绘出属于春风少年的张扬个性。

（三）激发多重思考

叶圣陶老先生曾指出，要想通过写作关，需下功夫于思想认识，不仅要有思想认识，还要有好的思想认识。而好的思想认识就来源于反复思考、多重思考和发散思考。学生对事物的认识，往往是比较表面的，很难挖掘到广泛的共性和深层的含义。所以，教师需要教导学生以正确的心态去思考事物，透过现象了解本质，善于挖掘问题的根本，悟出事物所含意义。

学生在日常生活中习惯正向思考，教师就可以引导学生进行反向思考，在逆向思维的基础上思考和分析事物的发展规律，以求对事物判断和认识的更新；学生在认识事物时往往更多地关注表面问题，教师就可以引导学生进行深入思考，在原有思想上开拓新的思想，在原有意见上发展新的意见，使思想认识不断深化；学生在看待问题时往往站在自己的立场上去思考，教师就可以引导学生换角度思考，变换新的、独特的角度，可以获得不一样的感受，能滋生出不同的新意来，给人以新鲜感；学生的思维比较简单，习惯孤立地看问题，教师就可以引导学生综合思考，把不同的意见综合起来，发挥各方面的优势，进一步形成一种更合理、更完善的见解……激发学生的多重思考，能够不断提高学生分析问题的能力，不断加深学生体会事物的感悟，不断加深学生体验生活的内涵。要让学生在自然世界里获得深刻体验，教师就必须让学生深入自然生活中去，指导观察方法，触发个性思维，激发多重思考，使学生真正获得自然生活感悟的启发。

以下是我在作文教学过程中启发学生体验感悟的教学案例。在习作《我眼中的秋天》时，要求学生在果园丰收、凉风习习、落叶纷飞、大雁远行等秋天的独特景物中，选择一两种自己喜欢的写下来。班级学生对春、夏、秋、冬的感知更多的是气温的变化，而不是自然景物的更变。所以，在指导学生写习作之前，我利用一堂课的时间先让孩子去"找"秋天。教学楼前有一排梧桐树，我让学生先排着队下楼看树，从树根到树干，从树叶到果实，还让他们一个个去绕着大树用各种感官去体验：伸出手去触摸，闭上眼睛听风吹树枝的声音，迈着步子在落叶上踩一踩……学生互相交流自己的发现时，我不断地问他们："看到这些，你想到了什么？听到这声音，你想起了什么……"大树前还有花坛呢！大家快活地围着花坛看菊花，不时发出阵阵赞叹。那还不够！我问他们："你们观察的时候只用眼睛吗？"学生们依照刚才观察树的方法开始"活动"起来，有的伸手去摸花和叶子，有的低头去闻花的香味，有的从地上捡拾飘落的花骨朵一瓣瓣撕开寻找花蕊，还有的大声诉说自己观察到的新发现……学校路边长着一些野草。这会儿学生不等我"下令"，就三五成群地簇拥在小草周围"探索"起来，看的看，闻的闻，摸的摸，听的听，说的说，好不热闹。不知是谁冒出一句："快看，天上有大雁！"所有的学生都抬起头来仰望雁群。后来，又不知谁闻到了桂花香，邀了一群同学去桂树下看桂花。还有的同学透过围墙的镂空花纹看校外的河水在秋风的吹拂下波光粼粼的样子，没过几分钟，所有的学生都散开了，他们都看到了自己眼中的秋色。临近课堂尾声时，我让大家都聚拢过来，他们叽叽喳喳，小鸟一般谈论着自己的新奇发现和丰富联想。"看到那么多美丽的景物，你有什么感受？"我又问他们。"我发现秋天的景色真美！""秋天的美需要用擅于观察的眼睛去发现！""秋天的落叶凄凉落寞，秋天的桂花却甜美芳香，我们应该一分为二地看秋天。"……这时，我知道他们已经有了自己对秋天自然景物的感知，也有了写作素材，产生了写作欲望。之后的一节课，学生顺利地把刚才的出口成章转化为妙语连珠的书面短文。

生活是作文素材取之不尽的源头活水。有了丰富的、个性的、深度的体验，才能够有话可说，才能够有情可抒，才能够产生表达的冲动。面对生活中大量涌现的素材资源，教师应用敏锐的双眼去捕捉，用敏感的心灵去洞察，用敏慧的机智去启蒙，不断启发诱导，激发学生的内心体验。

二、记录所见所思

艾宾浩斯遗忘曲线表明，储存在记忆中的信息会发生遗忘，这种遗忘在识记的最初一段时间里发生较快，以后逐渐减慢。所以，如果自然生活中的某一体验与课堂写作有较长时间的间隔，就可能会发生遗忘，造成正式写作时记忆的信息已经发生遗失或受干扰形成错误回忆。为避免学生在写作时产生遗忘，教师应该指导学生在自然生活体验时做好实时记录。这样，学生写作时，就减少了难度。记录方法有以下几种。

（一）小笔记

我国古代不少文学家身边时时带着一个诗袋、一个锦囊或者一个瓦罐，把妙手偶得的诗词佳句装进去作为日记积累。这是一种做记录的好办法。

教师可以培养学生养成随身携带笔和本子的习惯，遇到有意义的生活素材就及时记录下来加以储备，如果外出未带包，笔记本携带不方便也可以用小纸片来代替，回家后再转而抄录在本子上。日常生活中做记录时，不用写得太复杂，可以简便一些，也可以用几个简短词语说明事情和感受，还可以用几个简单的符号来代替，如圆形、三角形或者方形等，只要自己能看懂即可。待到回家后或者有足够空余的时间，再做文字整理，防止写作文前寻找材料需要翻看笔记时，因为字迹潦草或者遗忘符号含义，无法看懂笔记内容。学生可用列提纲、写概况、填表格等形式进行小笔记的记录，笔记本用完最后一页后，注意保存好，不要遗失。为每一本笔记本按照顺序编上号码归置在特定地方，以及在本子的前几页做好目录，都是方便日后查找资料的好方法。

（二）小日记

想要积累丰厚的作文素材，就须将观察到的和感受到的，随时做好记录，写小日记是行之有效的方法。作为语文教师，要科学地引导学生多多益善地记录生活中的材料。这样写作文时，就资源丰富，尽可调兵遣将了。

特级教师姜茗芳老师倡导学生写"三句话日记"，"三句话"是数量上的保底，对潜质生来说不算负担，班级里优秀的学生或者愿意主动和教师进行书面交流的学生也可以畅谈身边的趣闻，表达自己的看法，传递自己的思想。这样的"小日记"不规定内容，不规定字数，不规定题材，给学生自由表达的机会，鼓励学生的自主学习意识，培养学生积累素材的习惯，还可以帮助教师及时把握学生的思想波动，用关爱去焕发他们的自尊、自信。当然，如果学生只想把小日记作为自己的隐私，独自欣赏，独自揣摩，也是可以的。这样，在小日记的私密角落里，他们就可以更加天马行空，更加畅所欲言了。

（三）小随笔

随笔就是随手笔录，也就是随时把看到、听到、读到的事、物、人以及由此产生的感想体会随时记下来。其主要特色是：随便、随时、随手、随心。一个特别的人，一件新鲜的事，一次心灵的震颤，一些有趣的感想，都可以一五一十地记录下来；生活中的所见、所闻、所思、所感都可以随时抒写出来。如此一来，生活中无意间迸发的灿烂火花以及随之而来的感想体悟都不会因为时过境迁而沉入记忆的沙漠。经过长期积累之后，等到写作练习时，学生就不用绞尽脑汁，苦于巧妇难为无米之炊了。小随笔中随处可见的生活小烛光，星星点点地聚集在一起，足以照亮学生写作学习的光明大道。

教师要让学生擦亮明慧的眼睛，留心身边的故事，观察他人的言行，倾听精彩的话语，体味自我的感受，更要培养学生审视自己的生活习惯，对自己所关注的事物进行梳理，通过小笔记、小日记、小随笔做好记录。

语文教学中有要求写连续观察日记的习作，要求学生花一段时间进行定点观察，将观察所得用日记的形式记下来，看看有什么发现。教学中，我让班级学生分成4到5人的小组，每个小组就学校范围内选择合适的观察对象，可以是学校里的某个人，可以是花坛里的一朵花，也可以是班级鱼缸里的小蝌蚪等。然后，让学生根据观察对象，在对应的观察表格中进行记录。选择观察人物的同学在《观察人物情况记录表》上做记录，观察动物的同学在《观察动物情况记录表》上做记录，观察植物的同学在《观察植物情况记录表》上做记录。学生根据自己的观察对象每天在相应的表格里做2—3次记录。每隔一天，同一小组的成员进行相互交流和评价，指出不足之处和改进方向。随后，由组长根据各组员的交流和评价，在同学的《观察情况记录表》上打上1—3个星，加以评价。1星表示需要进一步努力，2星表示完成得较好，3星表示完成得很好。在此基础上，学生写观察日记就更加有的放矢。随时随地的记录，把亲身经历的生活留在纸上，也把内心的体验印刻在记忆深处。这些记载着生活痕迹的白纸黑字，把今后的作文和生活水乳交融地联系在一起，为写出扣人心弦的作文做好了准备。

三、"自然体验互动式"写作指导

"体验互动式"重在"互动与体验"，所以"体验互动式"教学指导也需要围绕"互动与体验"。然而，进行课堂作文的时间、空间和学生真实体验自然生活的时间、空间往往存在较大的距离，所以教师首先要唤醒学生的记忆，然后让学生口头交流，试着组织语言，接着进行评价，并给予指点。这样能帮助学生赶走书面表达过程中可能出现的拦路虎，学生用笔在纸上奔驰时，面对的就是一马平川的境地。

（一）回忆再认中再现体验情感

"回忆"是指大脑对经历过却已经不在眼前的事物信息的提取；"再认"是大脑对经历过的事物再次出现在眼前时的识别。它们都是对大脑识记存储信息的提取。回忆和再认是为了唤醒学生体验，所以教师进行教学指导的第一步就是激发学生的情感。

教师可以在教学中利用学生发生体验时拍摄的照片、录制的视频、留下的录音、绘制的图画、记录的笔记、相关的物件等，诱使学生脑海中再次浮现当时的画面，不仅回想起与照片、视频、录音、图画、笔记或者其他物件直接相关的那部分内容，甚至回想起与之有联系的整个过程，从而达到场景再现的效果。并且，以此尽可能地保持记忆的敏捷性、持久性、准确性、准备性。这样，写作教学就可以跨越时间和空间阻隔，将两者维系在一起，令自然生活体验再次降临，令学生的写作情感饱满高涨，令学生的写作质量逐步提升。

（二）自主交流中反馈体验过程

当学生通过回忆和再认，达到体验记忆再现的目的之后，教师就需要引导学生进行交流反馈。在轻松愉快的氛围中，给学生提供畅所欲言的机会，激发学生兴致盎然的创作激情。可以用谈话的方式，在自主平等的氛围中，穿针引线，逐层深入，增强语感，发展思维；可以用讨论的方法，在活泼踊跃的气氛中，各抒己见，尽情阐述，百家争鸣，共同探讨；可以用反馈的形式，在安静凝神的气氛中，口述作文，抛砖引玉，彼此学习，互相帮助。

在交流活动中，尤其要遵循语文课程的基本理念，倡导自主、合作、探究的学习方式，注重培养学生主动探究、团结合作和勇于创新的精神品质，这样能够促使学生在相互补充、砥砺思想的过程中摩擦出智慧的火花，树立起正确的思想观念，提高作文的立意。

（三）适时评价中指点体验作文

学生在交流自己写作的体验作文时，需要适时的评价。可以将教师评价、自我评价和学生的相互评价相结合、相统一，发挥多元评价的作用，促进学生学习的主动性，使其养成自我反思的良好学习习惯。教师对写作教学起着主导作用，教师评价也会对学生的语言发展起到检查、诊断、反馈、激励、甄别等功能。如果学生的言语表达出现错误，教师就需要及时点拨，为学生指点迷津；如果学生遇到困惑或争议之处，教师就需要给予适当诱导，使学生茅塞顿开；如果学生对生活的体验不够深刻，教师就需要运用教学智慧激发学生的情感，促进学生产生更丰富的内心体验。另外，教师在评价中要鼓励学生打破常规，超越思维定式，发挥创造力，展示独特的写作个性，尤其要鼓励他们把原汁原味的儿童话语写到作文中去。如果学生的口头表达规范流畅了，后续的书面写作也就水到渠成了。

　　之前对生活的记录是为生活体验作文指导做铺垫。而高效的生活体验作文指导不仅需要有感悟、有记录，还需要教师有针对性的指导。激发回忆再认，组织交流反馈，进行评价指点，可以为学生的自然生活体验作文提供更为完善的教学指导。

　　《玩得真高兴》作为作文题目，要求学生回忆一次愉快的活动经历，并把自己玩的过程写清楚、写具体，表达出愉快的心情。学生在十几年的成长中，有许多玩的经历可以写。由于课堂时间的局限性，教师很难顾全所有孩子印象最深刻、心情最愉悦的一次玩的经历，化繁为简的最好方法就是把班级学生都参加的秋游活动作为写作素材进行教学指导。但是秋游一般是全天外出，当天不上课，更不可能当天教学当场作文，而隔天完成作文，学生的记忆或多或少会有一些遗忘，写作激情也就不容易迸发。教学中，需要一个媒介使之前发生的玩的经历穿越时空的界限，帮助学生记忆重现，再次体验玩的经历，并在教师指导下，把体验化为文字，写出精彩的作文来。

　　于是，我在秋游当天把学生玩的场景进行照相和录像。第二天，趁学生的记忆还没有全部遗忘，通过多媒体进行二次再现，弥补客观条件的局限性。当交流到橘林时，我用大屏幕展示了前一天拍摄的橘林景色，让学生简单介绍橘林。然后，让学生观看拍摄的视频，复述视频中导游对大家提出的采摘橘子的要求。接下来，大家根据视频中与自己有关的小镜头，分小组交流：导游宣布开始采摘之后，自己是怎么采摘的？当时看到什么？想到什么？做了什么？学生在视频中观察到了不少小细节，回想到采摘过程中有趣的小插曲。他们有的摘橘子时一扯，把橘柄处的橘皮也扯掉了；有的拉树枝摘橘子时，橘子没摘到，反而被树枝弹了一下脑袋；有的摘了好久都没摘到树梢高处的大橘子，后来好不容易摘到后，一兴奋就把橘子甩了出去……他们越谈越开心，都忍不住大笑起来。在小组试说后，大家进行班级反馈交流。有些同学不仅能描述自己的经历，还能融入采橘子时周围同学的表现，包括神态、语言、动作等，说得很细致、很生动。最后，让大家把采摘橘子的过程按照事情发展的先后顺序完整地说一说，说的时候要注意让别人感受到你的快乐。学生们的发言很踊跃，回答也很精彩，我在评价中表扬了那些用幽默语言把摘橘过程说得特别生动风趣的学生。动笔写下来后，他们的采橘活动就变成了一篇篇惹人发笑的优秀作文。习作后，我又让学生进行课堂反馈，相互评价，在原有基础上做了适当修改。

需要强调的是，教师可以引导学生在交流和写作中融入自己不同角度的体验。例如，写景类体验作文，可以指导学生从动态或静态的角度，融入视觉、听觉、嗅觉、触觉、味觉等不同感觉器官的体验；写人类体验作文，可以指导学生从正面或侧面的角度和从能烘托人物心情及形象的自然环境的角度，融入外貌、语言、动作、神态、心理等描写方法；写状物的体验作文，可以从相似的人物思想品质和精神风貌的角度等融入联想和想象。

第二节　生活情境体验作文教学
——人与生活互动

　　作文源于生活的体验，可学生的生活范围往往拘泥于校园和家庭之间，过于狭窄。通过课堂情境创设与表达就可以使学生增长见识，丰富阅历，积累素材，感受体验。于是，生活情境体验作文教学应运而生。生活情境体验也是生活体验作文教学中的一种，但是和自然生活体验作文教学不同，并非源于真实的自然生活，而是主要通过课堂情境使学生体会到更丰富的生活，体味到更有趣的写作。生活情境体验作文教学可以分为引导情境体验、记录情境感悟、"体验互动式"指导三个环节。

一、引导情境体验

　　生活情境体验教学有效地解决传统教学生硬僵直、枯燥乏味的弊端，能够激发学习动机，激发学生感知，平衡第一信号系统和第二信号系统的发展，提高教学科学性和教学艺术性，促进学生更加热爱学习。情境中，教师可以引导学生有序观察、全面观察和抓住特点观察，使学生在愉悦的学习情境中活跃思维。

（一）设计情景，激发体验

　　在课堂教学中，学生的注意力直接影响学习效果。学生因为教师的要求而产生的注意是有意注意，它常常需要预定目标和一定的意志努力。小学生的心理活动调控能力比较差，无法将有意注意保持较长的时间。情境教学通过动作、声音、形象等变化，对学生产生刺激，变有意注意为无意注意，容易引起学生的关注，同时也不需要意志努力地维持，所以能够提高学生关注度，提升学习兴趣。

教师精心设计情境，可以调动学生运用多种感官去观察，也可以通过角色扮演让学生真切体会，还可以通过各类游戏、竞赛活动引导学生体验情绪的变化……丰富多样的情境会带给学生真切的体验，激发学生的学习兴趣，为后续的进一步学习创造良好的心理环境。

（二）内化体验，发生感触

情境提供给学生鲜明的感知材料，促进学生的思维和想象，从而让学生感受彼此的情感体验，产生情感上的共鸣，将其中所包含的启发和感触进行归纳总结，内化为自己的感悟与体验，丰富自己对课堂情境蕴含意味的认知和理解。

有时，教师也可以在课堂教学之前，预先估计学生可能会在情境中产生的情绪和做出的反应，设计相应的启发性导语，准备安排情境激起学生情绪，启发学生思路，引导学生表述。然后，在课堂情境体验中选择恰当的时机，帮助学生促成自我反思和与同伴合作交流，既可以交流情境过程中出现的错误，又可以谈论自己吸取的教训，也可以提供自己的宝贵经验。学生在内化彼此交流体验的过程中，发生内心感悟。

（三）升华体验，引领体悟

学生之间知识水平、学习能力以及过去的经历和感受都存在个体差异，教师在尊重学生不同情感体验的基础上，要引导学生不能停留在表面的、浅层的体验上，使学生由感性认识上升到理性认识，体悟情境中所包含的本质内涵。

（四）经历体验，激发兴趣

教师可以在引导学生反思情境过程的基础上，启发学生从多种角度理解和解读情境。为了指导学生突破解读情境能力的局限性，摆脱解读情境角度的单一性，教师可以在情境过程中进行实时指导，让学生将情境与生活联系起来，学会从不同角度、不同立场去审视生活，从而以正确的人生态度解读生活，帮助学生为后续的写作积累更丰富的素材。这样做可以丰富学生的写作思路，帮助学生掌握分析事物的方法，提高学生解决问题的能力，同时也能在无形中提高学生的思辨能力。生活情境体验作文教学中，教师可以在课堂中有目的地引入或者创设具有一定生动具体的场景来引起学生的体验，通过经历体验激发兴趣，内化体验发生感触，升华体验引领体悟，从而使学生在情境体验中获得心理机能的发展。

以《拍毕业照》作为作文题目，可以这样设计：先请一组学生，摆好自选的动作姿势，然后将这个动作"定格"；在座的同学仔细观察，选取几个有特点的"镜头"用文字记录下来；随后换组同学"定格"，使每位同学都有机会"拍摄"和"被拍摄"；最后，小组交流"拍摄"情况后进行班级交流和写作。六年级第二学期是学生即将告别小学校园的时候，面对同学，他们依依不舍，更容易有话说。教师要在教学中善于引导学生注意观察，梳理条理，组织语言。语文课上，我问大家，即将毕业，想不想拍毕业照啊？同学们都说想。我先请了一组学生到讲台前面来，告诉他们可以一个人单独拍，也可以几个同学合拍。听到我喊"开始"，所有讲台前的同学一起变换位置和动作，总共要完成五组"镜头"。这些同学刚开始有些紧张，动作比较拘谨，后来渐渐放松下来，有的互相搭着肩膀做出胜利的手势，有的做出怪异的表情拥抱在一起，有的一群人排在一起做同样的动作……其他坐在座位上的学生集中注意力，选取最有特点的"镜头"，仔细观察同学的外貌特征、神态表情和动作姿势，联想他们之间的关系和此时的心情、想法，试着进行交流。主要针对学生是否仔细观察，融入联想，是否描述得生动形象来展开。经过点评后，为了加快教学进度，学生分组进行表演和交流，说说自己在拍照时的感受，谈谈五年来同学间的情意，探讨自己对毕业后生活的憧憬和向往。这个活动，学生之间促进了彼此的关系，为今后的日子增添了美好回忆，同学们在活动中对毕业后的生活进行了想象，也在后续的习作中获得了表达真情实感、抒发同学友谊的机会。

情境体验过程中，教师要引导学生用心地去观察、去联想、去理解、去比较、去深思、去感悟，在经历感悟、内化感悟、升华感悟的过程中，循序渐进，使自己的情景体验逐渐深化，逐渐理性。

二、记录情境感悟

和自然生活体验一样，生活情境体验也需要通过及时地记录来加深印象，激发写作动力，促进写作欲望，从而达到良好的体验写作效果。生活情境体验的记录可以运用表格或者学习任务单的形式来填写完成。所谓"学习任务单"就是在分析学情的基础上，以学习目标为导向所设置的学习任务汇总，它可以为学生提供学习资源，创设学习环境，辅助完成学习任务。相对而言，表格一一般没有规范、完整的问题，只有序号、义项、提示等指引学生填写表格内容，需要填写的数据信息语言简练，大多运用词语或者词组；而学习任务单是以完整的句子来进行提问的，以填空、表格、选择、简答等形式要求学生作答。两种方法都能为学生搭建学习支架，起到针对活动促进观察、针对体验引导思考、针对盲点增加资料、针对迁移点启发生活实践的作用。

（一）以学习任务作为记录目标

在生活情境体验作文教学中，学生先要知道情境体验需要记录什么，也就是要明确学习任务。学习任务，可以包括填空、表格、简答等不同类型的问题。然后，通过情境的特点，在情境过程中或者情境观察后，进行及时记录。在此过程中，帮助学生突破难点，针对重点，紧抓关键点，激起思维火花。

由于班级学生在学习风格、兴趣爱好以及能力水平等方面存在差异性。设计学习任务要尽可能满足不同学生的需要，可以通过多层学习难度，让学生根据实际能力选择阶梯型任务的层次阶段，完成相应的学习要求；可以通过同质小组探讨型学习、异质小组互助型学习等多元学习方法展开学习任务记录。多样的记录方式可以让学生学习兴致更加盎然，课堂学习氛围更加活跃，情境体验记录更加有效。

（二）以词句积累作为记录内容

情境教学的应用可以促进词语和形象的结合，所以教师在教学中应该有意识地利用情境教学扩充词汇，这对丰富学生的词汇量是有益的。当然，在课堂生活情境的实际教学中，学生记录的内容除了丰富的词汇，也可以是妙趣的语句。这些在情境、交流或思考中获得的妙语连珠，应该记录下来，积累起来，不仅能够充实作文内容，而且能够起到装饰言语的作用，使学生作文更具个性特点，更能突显亮点，更具幽默趣味，更具生活气息，更具童心童趣，更具书面语言的可读性。

教师可以通过设计适合学生的学习表格、学习任务单或者其他学习工具，为学生搭建学习的脚手架，帮助和引导学生在记录情境的过程中，观察细节，勤于思考，酝酿出丰富精彩的好词佳句，并及时把它们进行记录和积累，为写作做好准备。

（三）以情境感悟作为记录重点

生活情境体验作文教学，是围绕学生对生活情境的体验展开的。体验的深度决定了感悟的程度。同时，学生情感的产生与学生的认识紧紧联系在一起，所以，同样的课堂情境会在不同学生的心里产生不一样的体验和感悟。教师就要指导学生将自己的内心感悟，尤其是个人感悟，作为记录重点写下来。体验和情感升华获得的情境感悟，是学生过去的人生经历沉淀后的人生观、价值观、世界观的体现，是学生内心世界潜移默化积淀的思想意识，是学生头脑主观能动形成的个性化思考。这些感悟是学生精神世界中萃取的精华，是学生主观世界对客观世界的真实映射，是作文中呈现出来的，能够令作者展现自我思想，令读者获得思索启发的珍贵的人生真谛。

指导学生进行生活情境体验感悟的记录是生活情境作文教学的一个重要环节。以学习任务作为记录目标，以词句积累作为记录内容，以情境感悟作为记录重点是记录情境体悟的关键所在。如此，必能使记录更为准确，更为精炼，更具备针对性。生活情境体验作文教学中，记录情景感悟是很重要的一个环节。它是对生活情境过程的记忆强化，是对生活情境感悟的及时记录，是对情境体验作文的针对性指导，引导学生把内部感受转化为外部语言，为体验作文做好资料准备。

三、"生活体验互动式"写作指导

生活情境体验作文教学指导是在课堂情境体验的基础上，让学生生成情境体验，记录体验感悟，并在此基础上，教师针对重点、难点和关键点给予学生体验作文指导，提升学生的作文能力的教学行为方式。

（一）研读要求，尝试表达

生活情境体验作文和一般作文一样，在写作前首先要明确写作要求。有一种好方法就是让学生先自己默读一遍要求，然后用笔把要求中的关键词句划下来，多读两遍，强化记忆，尤其要重视的关键点包括作文题目、重点内容、字数要求以及特别提示等。学生明确了写作要求之后，就可以在心里列一个提纲——大致需要分为几个部分来表达，每个部分主要讲什么。然后，自己尝试表达，要把写作要求中的关键点融入表达中去；要把生活情境过程中的精彩部分加入表达中去；开头、结尾要注意语言精练、切中主题；重点内容要围绕主旨、描写具体；语言表达也要尽可能准确、规范、清晰、生动，切不可为了堆积辞藻而使遣词造句格外生硬。试说中遇到自己感觉语言不流畅、表达不清楚的地方，可以略微花一些时间进行反复推敲。直到自己满意之后，再继续后面内容的表达。

（二）利用记录，丰富语言

体验感悟记录的内容在体验作文指导环节恰巧可以有用武之地。它可以充实作文内容，扩大作文篇幅；融入观察细节，进行生动描写；增添想象情节，灵活写作思维；升华体验情感，注入生命感悟……如此一来，体验作文教学一击即发，叩响学生心灵深处蕴藏的旋律，在写作练习中弹奏出大珠小珠落玉盘的动人曲调。

教师在引导启发中，要尊重学生的表达习惯，尝试着去肯定他们、欣赏他们、鼓励他们，指引他们把原汁原味的儿童话语用到写作语言中去，开出缤纷灿烂的个性花朵。刻板生硬的灌输只会磨灭学生的语言生趣，枯槁学生的表达激情，僵化学生的思维定式。唯有结合学生语言特点循循善诱，因势诱导，学生的语言发展之树才能循着阳光的方向舒展得更加枝繁叶茂，生机蓬勃。

（三）展开交流，相互促进

写作指导中，教师应该引导学生对写好的作文进行自我修改和相互修改，并在此过程中提高学生的写作能力。让学生同桌之间、小组之间或者全班进行交流反馈，可以督促学生提前做好语言组织，提升自我修改能力。而同学之间通过倾听或者阅读，了解对方的学习情况，并在交流中给予点评，提出修改意见，可以促进互帮互助的良好学习氛围的形成，同时也为学生提供一次自主、合作、探究的学习机会，与《义务教育语文课程标准》中体现的课程理念相一致。进行一番互动学习后，学生在彼此作文的优势中看到了自己的努力方向，也在彼此的不足中明确了哪些问题要尽量避免。经过修改之后，学生的作文就能展示出更高的水准，他们对该主题的写作方法也有了更为深刻的理解。

在生活情境体验作文指导中，教师就应该以学生为本，结合学生的年龄特点、心理特点、已有认知水平和学习能力，以及学科特点、教材特点、教学特点等，在了解学情的基础上，通过研读要求，让学生尝试正确表达；通过记录，让学生丰富语言表达；通过展开交流，让学生相互表达，最终达到体验作文有效指导、学生习作有效提升的实质目的。情境教学具有"形真、情切、意远、理寓其中"等教学特点，运用情境教学要注意形式上的新异性，内容上的生动性和方法上的启发性。生活情境体验作文指导作为情境教学中的一种，也需要关注这些方面。并且还要重视体验对学生的认知程度、生活情感和学习兴趣等所产生的作用，激发学生的写作热情。

第三节　阅读体验作文教学
——人与书籍互动

　　有人说："读书破万卷，下笔如有神"；有人说："书山有路勤为径，学海无涯苦作舟"；有人说："劳于阅读，逸于作文"……这些谚语都一再强调阅读对学习的重要性，尤其是对语文写作学习的重要性。的确，阅读扩宽了学生的视野，延伸了学生的生活空间，带给学生不一样的体验，这些体验一样可以激发学生的写作激情，帮助学生写出更好的作文。阅读体验作文指导就是以文本为出发点，通过看、听、说、读、品、写等方式来调动学生的内在情愫，增加生活积累，让他们去体会要学的知识点，倾听文本作者的心声，感受作者独特的审美发现和审美认识，从而有所思考、有所感悟，形成学生个性化的阅读见解。简单地说，阅读体验作文指导就是教师引导学生阅读文本，积累语感，体验情感，获得思考，并形成书面作文。

一、引导阅读体验

　　根据皮亚杰理论，认知发展的本质在于认知结构的建构和再建构。引导阅读体验，就需要引导学生把文本内容融入自己的认知结构，内化为自己的个体体验，从而转化为自己的语言表达。

（一）兴趣导向，初读文本

　　俗话说得好："兴趣是最好的老师。"心中怀着阅读兴趣，学生才更容易沉浸于文字的天地里，也更容易身临其境地感受书本中的世界。

　　为了增加学生的阅读兴趣，教师可以在学生阅读前进行入趣的导读，通过结合生活诱情入境，通过因地制宜入情入境；也可以在学生阅读中进行生趣的指导，教会学生读书的一般规律，指导学生阅读的一般方法；还可以通过鼓励学生设疑，引导学生探趣，层层设疑，循循善诱，令学生体会阅读的乐趣。除了质疑，留下悬念、理性对比、逻辑分析等方法，都会指引学生在任务驱动下，聚焦阅读注意力，提高阅读兴趣，增强课堂实效，使学生更用心、更专注地把阅读文本中的内容更好地进行消化、吸收，从而达到正确复述故事内容、清楚了解故事主旨的学习效果。这样，兴趣导向的初读体验就为深层次阅读理解、多角度体验感受、高质量写作成果夯实了基础。

（二）升华情感，朗读体会

有些文本的内容往往意蕴深远，值得学生去慢慢咀嚼和细细体味。所以，教师可以通过结合自由个人读、齐读、分角色读、领读、引读、分组读、赛读、表情读、做动作读等各种朗读形式，让学生在了解文本背景的基础上充分朗读，并领悟时代变化，感悟地域特点，体会角色性格，感受作者思想，升华体验情感。

在学生因能力不足需要教师帮助时，教师可以通过启发引导学生关注文中的关键词句，进行重点品读；也可以通过抓住不同角色面对同一事物的不同表现，带领学生在对比朗读中进行对人物特点的分析；还可以通过示范朗读，提高学生朗读水平，帮助学生升华阅读情感；也可以组织学生展开交流，一边朗读，一边分享自己的阅读体会，从而促使学生之间相互启发，相互纠正，共同加深对文本的理解……总之，教师要依据文本特点和学生学情，想方设法地引导学生提升阅读能力和欣赏能力。

（三）深刻思考，深化体验

西方流传着这样一句谚语："一百个人心中有一百个哈姆雷特。"这是个体的不同性别、不同年龄、不同成长背景、不同知识水平、不同宗教信仰、不同生活经历、不同性格特点等所造成的。这些差异形成了阅读后不同层次、不同角度、不同深度、不用广度的思考和感受。这恰恰是阅读体验作文所最需要的个性化阅读体验。这些能够触动心扉深处敏感灵魂的文字，往往需要读者带着联想和想象去体会、去感悟。所以，这些文字往往也是学生阅读的难点。

学生可以结合生活实际和丰富想象，反复默读，生成自己的阅读思考和阅读体验。无需追求标准答案，只需言之有理，越是与众不同，越是标新立异，越是天马行空，越是能夺人眼球，越能成为亮点。这样的回答应该得到教师的鼓励，因为那是对创新思维的培养，是与"重视培养学生的创新精神和实践能力"的《义务教育语文课程标准》教学实践建议相一致的。阅读体验作文教学源于学生的阅读感受，所以教师要善于为学生搭建阅读的平台，培养阅读的习惯，挖掘阅读的深度。

在习作《爸爸（妈妈）真辛苦》时，我就运用了阅读的方式，让学生深刻感受到父母的付出。本次习作的教学要求是选用具体事例写妈妈或爸爸的辛苦，可以是单位工作的辛苦、家务繁忙的辛苦、业余学习的辛苦、挣钱的辛苦、养育子女的辛苦等，要写出真情实感。在学生的视野中，爸爸、妈妈是最熟悉的人。但是，正因为是熟悉的、司空见惯的，反而不容易激发强烈的写作情感。我所要做的，就是让学生看到他们平时所未曾关注到的，让他们在细小的发现中寻找到扣动心弦的震撼点，产生心灵振动，这样，他们才能在写作中表达出深刻的情感。上课前两天，我在班级QQ群里向家长们说明了这次的写作任务，请家长用简短的文字说说自己的辛苦，让孩子更了解家长的不易，促进亲子情感，同时为习作做准备。家长们大都很支持，通过QQ窗口、手机短信发给我相关的材料，也有的写在纸片上让孩子带到学校里来。作文教学当天，我把家长们准备的材料一一展示出来，让学生们先自己初读一下，读通句子；再班级反馈大声朗读；然后，让学生结合家长的文字以及自己和父母相处的点点滴滴，说一说自己的感受。一位爸爸在给孩子的信里写到，自己工作忙经常出差，有一回在外地生病了，依然不得不忍着病痛跑业务、做推广。他的儿子读完这封信，回想起父亲每次回家后总是从包里掏出各种各样好吃好玩的东西给他，他还一直以为父亲出差是和旅游一样好玩的。他想起以前有一回，爸爸出差回来，他缠着爸爸一起玩新玩具，爸爸说累了想休息，他还不依，他很后悔当时没有体谅爸爸的辛苦。

有一位妈妈文化水平不高，就在纸片上列出了自己每天的时间安排表，从早上5点到晚上11点，做家务、上班、照顾生病的老人、接送孩子上学放学，忙得她没有片刻休息的时间。女儿当着全班同学，大声朗读母亲的时间安排表。读完以后，她说妈妈真是太辛苦了。有几次晚上，她睡觉醒来上厕所，看到妈妈眼中布满血丝，手中却依然忙着活儿，心里真替妈妈感到心疼。说的时候，她的眼泪都快落下来了。

还有一对外地转学来的双胞胎，带来了妈妈的家用记账单，上面记录了半年来家里的每一笔开销和收入。兄弟俩读着，读着，就读不下去了。尤其是小哥哥，眼眶红红的，声音也有点哑了。因为家里收入低，为支付租房费用和兄弟俩的生活开支，母亲不得不节约每一份开销，半年来给兄弟俩买过衣服、裤子、鞋子，可是没有给自己添置过一件衣物。小哥哥告诉大家，妈妈的外套是半新的，袖口有点磨边，外套里面的衣服要么有破洞，要么有补丁，几乎没有好衣服。所以爱美的妈妈外出时，即使热了都不敢脱去外套。小弟弟也回想起妈妈总把菜里的鱼啊、肉啊，夹给他们吃，自己只吃点蔬菜。其实，妈妈贫血，应该多吃肉，可是她总说自己不喜欢吃，要他和哥哥多吃点……

班级里的学生情绪开始被激化，纷纷想说给大家听。学生们对父母的深厚感情在教室里回荡，相互感染着。教师在引导学生阅读体验时，要能够以兴趣导向引导学生初读文本，以深情朗读引导学生体会情感，以深刻思考引导学生深化体验，促使学生思绪更悠远，思路更清晰，思维更活跃，思想更成熟。

二、记录所思所想

阅读体验作文教学，需要把学生读到的内容和内心想法结合起来。对高年级的学生来说，复述故事内容相对容易一些，难的是要表达自己的阅读感受。所以，教学重点在于指导学生生成并记录阅读之后的所思所想。教师在课堂上，可以将说写练习有机地渗透阅读教学中。即以指定的文本资料作为习作素材，把语言形式的运用与阅读文本的理解有机整合，把看、听、思结合于一体。阅读后的所思所想需要做及时记录，避免遗忘。

（一）把握文本整体，记录思想触动

文本的把握，首先在于整体感知。读过文章之后，学生需要对文章整体留有基本轮廓，对人物角色怀有深刻印象，对情节发展存有清晰记忆，并对文章主题产生思想上的触动。这种初读过程中针对阅读产生的整体思想触动，对细读、默读等深层次的阅读体会具有引领作用，直接影响读者对文本细节的领悟。

所以，教师必须在学生阅读后，及时通过交流和反馈了解学生对文本整体的理解和掌握情况。如果学生对文本整体的理解存在较大偏差，教师就必须在启发、交流和点拨中，帮助学生正确解读文本的主要思想，并让学生用学生自己的语言进行整理和记录。如果学生之间产生不同的想法，也可以让学生采取

小组讨论、班级交流或者班级辩论等形式，逐渐深化对文本整体的理解，然后做好记录。唯有正确把握整体，后续生成的体会和感悟才能有理有据。

（二）抓住细节描写，记录情感体会

如果文本的细节描写中，有部分内容能够在不知不觉中扣动学生的心弦，那么那些在心弦上拨动弹奏出的音符，也恰是学生需要记录的地方，那是学生情感体会的源泉。

教师可以用"文章中最让你感动的是哪一幕？为什么？""主人公的哪一个举动给你留下最深刻的印象？为什么？""哪一个镜头最能体现书中角色的性格特点？为什么？"等开放性问题，引导学生在阅读后的第一时间，把自己的情感体会及时做好记录。这些体会是学生对文本的个性化理解，没有标准答案，只要联系上下文符合事物发展规律，与事物逻辑相符就可以了。如果有个别学生的情感体会与众不同，但依照文本内容是合情合理的，那么教师绝不可出于思维定式的影响，轻易给予否决，而应该予以表扬和鼓励，以此培养学生的创新思维。

（三）结合实际生活，记录联想感悟

所谓"感悟"包括感知和领悟两个方面。感知是个体吸纳外部相似信息的过程；领悟是激活、选择、提取已有的与所面对的问题相似的知识单元，形成信息重组的过程。"感悟"二字，"感"就是感性体验，觅得真趣；"悟"就是理性思考，练就主见。

教师在课堂上可以通过"你在生活中有没有遇到过同样的事情？当时你怎么想？""如果你是书中的角色，你会怎么做？""比较现实中的你和书中的人物角色，你有什么感受？"等问题，引导学生结合书中情节和实际生活，获得联想和感知，使学生的思考得以深化，使学生的品质得以提升，使学生的情操得以升华。把这些结合生活的联想和深层思考的感悟记录下来，不仅能够使学生活跃写作思维，丰富写作内容，而且能够促进学生的心理发展，改进学生的思想观念。阅读体验的记录是阅读体验写作教学的一个重要环节，教师在教学中要指导学生把握文本整体，记录思想触动；抓住细节描写，记录情感体会；结合实际生活，记录联想感悟，这样学生记录所思所想就能更加有的放矢。

《和书中的人物密语》可以作为习作题目。具体要求学生根据读过的一本书，想象与书中人物见面的场景，针对故事中的情节或做法，向书中的人物表达自己的观点，并把其过程写下来。五年级的学生随着阅读量的增加和心智的开启，逐渐建立起自己的思维体系，逐渐学会思考，学会分析，学会综合地看问题。这篇习作对班级里那些阅读量大、思维活跃的孩子来说，是抒发自己对事物看法的好机会。而对班级里相对落后的孩子来说，这样的作文需要结合抒情、议论、想象等元素，不再仅仅是简单的记叙性作文，难度大幅度上升。教师需要根据学生学习的难点进行教学设计，化复杂为简单，让学生在原有基础上获得写作能力和思维品质的提升。考虑到这类的作文，学生以前几乎没有遇到过，所以我准备把对话人物和对话场景做好设定，这样可以给予学生更细致、更周全的指导，便于学生作文训练达到理想效果。《查理九世》是班级学生比较喜欢的一本连载小说，我好几次看到班级里的学生在一起看这本书，所以我截取了其中勇救船员的一段，准备指导学生展开阅读体验。

在教学中，我先明确了阅读要求：

阅读小说片段，思考故事讲了怎样一件事情？从这件事中，你感受到什么？

1. 你觉得查理九世具有哪些品质特点？你是分别从哪些地方看出他具有这些品质的？

2. 想一下，如果查理九世真实存在于你的生活中，你会怎么想，怎么做？对他说些什么？

3. 然后，让学生带着问题去阅读，并在练习纸上完成相关的记录。

学生完成之后，我让学生当场进行交流和点评，并随机把关键内容记录在黑板上，便于潜质生梳理故事脉络，整理写作素材。随后，我让学生们闭上眼睛，进行一下文字的讲述：“现在，大家一起闭上眼睛。我们一起穿越时空隧道，进入未来。你发现自己走进了一座富丽堂皇的大殿，穿越了一条铺着金黄地毯、挂着水晶吊灯的长长走廊。眼前是一扇门，门并没有关严实，你推了推门，门就开了。里面是一间豪华套间，最中央的位置是一个沙发，沙发上查理九世半躺在那里沐浴着窗外晒进来的阳光。它睁开眼睛，看到了你。你想和它说些什么呢？可以表达敬佩之情，可以针对情节提出意见，可以与对方探讨不理解或者不明白的地方，请你们同桌之间相互演一演，对话的内容需要结合阅读材料里的内容。”学生同桌两人分工扮演书中的查理九世和穿越时空突然来访的自己。学生试演之后，同桌之间相互指出和找到不足之处和改进方法。班级交流时，个别学生到讲台前来表演。依据表演情况，其他学生提出了一些与角色性格习惯不符的对话内容，我也强调除了台词、动作、神态、语气、声音也要演得像。这样，学生就明确了幻想故事的内容、人物的形象品质、对话的大致内容等。在此基础上，我让学生提纲式记录了自己编写故事发展的关键词语。

这样，学生看着这些阅读体验记录，就能把穿越时空见面的内容融入进来，能把书本中相关的情节贯穿到对话中去，能把查理九世和自己之间的双方对话过程表述出来。故事中的具体情节和自己的合理想象融合在一起，就是作文所要写的内容了。

三、"阅读体验互动式"写作指导

根据阅读体验教学策略研究，结合阅读文本，可以指导学生通过补白、简画、转换语言、单元滚球、批注、模仿、续写、积累运用交融、总结、广告创作、改变文本、诗文整合、综合训练等方式展开读写结合的训练。不管是其中的哪一种，阅读文本都是教学的首要步骤，教学指导对学生写作能力的提升起到了关键作用。

（一）激发写作情感

情感的铺垫对学生写作是很重要的。在写作指导课上，教师应激发学生的兴趣，使其萌发写作的动机。阅读体验作文教学，关注学生的个人体验，更需要激发学生情感，使学生在表达中更充分、更自然地融入自己的体验和感悟，使学生的作文更具有真情实感。

有时，阅读内容和学生的实际生活在时间和空间上相距甚远，此时就需要教师做进一步指导，使学生感受到文字中完全不一样的世界。教师可以根据阅读文本、学生学情、学校资源、环境特点等，通过图片展示、背景介绍、录音播放、视频资料、实地考察等方式拉近学生和文本之间的空间距离，也可以利用深情导入、角色朗读、音乐熏染等方式拉近学生和文本之间的心理距离。当学生感到自己身临其境之时，就是写作情感和写作欲望迸发之时。

（二）引导布局结构

阅读体验作文有时可以用不同的文章体裁去完成，可以用记叙文记录自己的阅读过程，可以用读后感表述自己的阅读体会，可以用散文抒发自己的阅读情感，可以用诗歌表达自己的阅读遐想，可以用书信寄托自己的阅读感悟……而不同的文体，其文章结构、语言方式、格式要求等是不尽相同的。另外，在作文主体部分既可以先写事情，再抒发感情；也可以夹叙夹议；还可以先抒发感情，给读者留下悬念，再慢慢述说事由。小学生接触比较多的是按照事情发展的先后顺序来写记叙文，而且一般只重点围绕一件事情来写，他们面对繁复多变的阅读体验作文，会变得不知所措。

教师可以在每一次作文指导课上，只侧重于一种写法做细致入微的教学指导，不过分追求教学内容的丰富，而力求于教学效果的达成。几次课堂教学之后，学生掌握的写作方法自然会慢慢丰富，作文的结构布局也会慢慢灵活起来。

（三）组织互动交流

阅读体验作文，小学阶段主要集中在高年级。此时，学生已经掌握一般的语言表达方法和技巧，语言能力发展状态相对良好。所以，教师可以更多地放手，让学生自由表达、畅所欲言，逐渐提升语言表达能力；让学生展开互动，在班级反馈和小组合作中发展合作学习的能力；让学生相互交流、相互启发、相互评价，培养学生协调、互助的能力。教师在学生遇到困难或者交流中出现思想偏差时可以做适当的引导。引导中，还要鼓励学生结合自己的想法，用自己的语言去表达。

同时，要求教师在指导学生表达时，带好两面镜子，一面是"显微镜"，发现学生表达中的瑕疵；一面是"放大镜"，放大学生表达中的优点。这样，才能让学生不断改进自己的语言表达，又能在学习中信心满满，在语言发展的道路上越走越远。教师在阅读体验指导中，可以通过激发写作情感、引导布局结构、组织互动交流来帮助学生吸收阅读中获取的精华，吐纳思考中撷取的遐思，在表达中展现自己的智慧光辉，在倾诉中提升自己的思维品质。

阅读体验作文指导必须建立在学生充分体验的基础之上，教师要给予学生足够的时间去思考和交流，鼓励学生以异向思维、发散思维去看待事物，规范学生的语言表达，使学生更清晰、更生动、更有条理地在表达中抒发自己的情感。

第四节 体验互动式作文教学的认知

在小学高年级作文教学中，小学高年级"体验互动式"教学主要以自然生活体验作文教学、社会生活体验作文教学、阅读体验作文教学途径展开。生活体验作文教学，就是指导学生通过自身的生活体验，获得真切的内心感受，把经历和体验抒发于笔端，给作文注入更多灵感和活力的一种作文教学方式。它又可以分为自然生活体验作文教学和生活情境体验作文教学两种。在教师创设的情境与引导语境中训练学生多种感官参与观察，教会学生有序记叙，进而提高写作能力和正确地表达自己的情感，从而实现熟练使用母语的能力，正确流利地运用文字来习作。小学作文教学一直是小学语文教学的一个重点，新课程标准也明显指出语文教学要培养学生熟练正确使用母语的能力，而习作训练就是重要的方式之一。在多年的语文教学中，我在培养学生的习作能力上主要采取了体验式教学，引导学生正确使用"以我口说我心，以我手写我口"的方法，从而提高习作能力。

一、定角度，训练感官多样参与

学会观察是学生写好习作的一个至关重要的方面，但很多时候学生写作时只用到了"观"与"听"，越是低年级越是这样，都是"我看到了"和"我听到了"，所以习作才显得"单薄"与不具体。我在教学中，一般都会在课堂上先帮助学生树立正确的观察思维，就是用什么来观察，如何去表达观察。首先让学生知道观察一般包括视觉、听觉、味觉、嗅觉和触觉等，与之对应的是看、听、尝、闻和触摸等。再以一个具体的物体进行体验教学。

例如，我给每个学生发一颗花生，要求以状物的方式进行习作细节观察描写。第一轮描写，学生一般只写了花生的样子、颜色。这是调动了视觉来写作，观察很单一。在此基础上我进行了片段点评，再让学生修改习作。第二轮，很多学生在原来基础上用到了味觉和触觉，写到了"用手轻轻摸着花生壳，上面有凹凸不平的感觉，细细看去，好像是一个个田字格""把花生仁放进嘴里咬一下，又香又脆，很好吃。"这就比之前的详细具体了很多。第三轮再指导学生五大感官都用上，学生又加上了"用拇指在花生一头用力一压，'啵'的一声，花生壳裂开了一条缝隙。""把花生仁放进嘴里咬一下，'咔'一声在嘴巴里散开，又香又脆，很好吃。"通过这样的方式，一步步让学生明白习作要写具体，观察要多层次。在这些基础上，再让学生回去以"我喜欢的一种食物"为内容写篇习作，要求用到五大观感来写作。这样交上来的习作就不是之前那种水平了。一般情况下，有三次这样的习作训练与点评，学生就都能掌握观察的方法与技巧了。

二、编情境，训练过程有序描写

语文新课程标准对小学生习作其中一个重要要求是"清楚、通顺"。要做到这一点，表达就要有条理，就是常说的"谋篇布局"。学生要明白写一篇习作应该先写什么、再写什么等，思路要清晰，要有一定逻辑。这就要对学生进行专门的训练。我一般的做法是在课堂上创设情境，让学生当堂体验，再写作点评，使学生逐步掌握有序描写的方法。一般做法有"在课堂开展一场比赛，让学生写'一次活动'""播放一段视频，让学生来写"等。

例如，我让学生在课堂上开展一次"画鼻子"的比赛，然后引导学生先说一下活动过程，要求学生用"首先、接着、然后、最后"等一些过渡性词语来写作，并找了比较好的范文来评讲，让学生有所借鉴，有所反思，再让他们修改。这样有意识地培养学生的"有序思维"，学生的习作逻辑才会越来越好。

三、调情绪，训练真情实感表达

语文新课程标准对小学生习作还有一个重要要求是"表达真情实感"。这并不是单纯地写高兴、伤心、难忘，而是能正确使用积累的相关词句来表达，能够懂得通过字里行间表达出自己真实感受。通过一些修辞手法来让习作更加生动，让情感的表达更加贴切。如果学生没有相关的体验是很难写出来的，所以这方面的训练是帮助学生从"处境"到"唤醒"的过程。例如，为了让学生更加真实地体验情感，我准备过"当一天母鸡"的活动，就是让每一个学生每人准备一个生鸡蛋，一整天放在口袋里不能取出来，自己当一天母鸡来保护好鸡蛋。不能烂，不能不见等。学生开始会很新奇，当不多久学生都进入角色，特别是女同学更是入情入境。从早上做操，到午休，晚休都非常小心翼翼。第二天，我就会检查谁的鸡蛋保管得最好，并组织学生说一下自己感受最深的一点。因为学生有了体验，写出来的真情实感也最动人心。

（节选如下）

片段1：在这次活动中，我明白了两个道理：一是世界上没有后悔药，不要等到失去了才后悔。在我们没有失去之前，我们就应该好好地珍惜、爱护；二是我明白了天下父母的心都是一样的，他们都是爱自己子女的。为了孩子，他们再苦再累也值得。看见孩子受伤害，他们比谁都要担惊受怕。所以，我想对父母说一声："爸爸妈妈，你们辛苦了！感谢你们多年以来对我的养育之恩。"（钟卓妤）

片段2：我顿时回过神来，向床上扫视了几遍，发现鸡蛋不见了。我惊慌失措地在可能不见的地方找了又找，翻了又翻，最终还是找不到。我的心一下子焦虑又难过，我没有尽到一个做"父母"的责任。我很内疚，很后悔当时丢下它不管，我真是后悔莫及。我失意地把手往身后一放，一个圆溜溜的东西碰到了我的手。我低头一看，呀，竟是我那失踪的鸡蛋！我马上捧起它，不能让它再离开我了。经过这次活动，我明白了"可怜天下父母心"这句话。原来做父母的实在不容易啊！我以后要更爱我的爸爸妈妈！（陈定康）

在体验的习作课堂上，教师可以创设很多这样的"处境"情感训练，在喜怒哀乐中引导学生通过具体的内容和准确的词句表达自己的内心情感，并让学生学会在课外的习作与生活中正确运用。一般情况下，教师通过几种不同的情境引导与点评，就能使学生很好地掌握通过人物的心理活动、动作、表情等来表达自己的内心情感的方法了。

四、写实景，训练课堂教学迁移

体验式习作教学，在经过前面三个环节的专题训练后，学生一般都能掌握"写作"的方法，但运用文字来表达不是"三两下"的事情，需要学生在实际生活中，在语文课堂上的不断互动中找到适合自己的方法，还需要教师善于捕捉生活的"有趣"内容，让学生想写、乐写。这就需要进行写实训练，让课堂教学向生活迁移。要实现这一迁移，教师要做一名"有心"的班主任，留心生活，从学生实际生活出发，让学生爱上写作。

对同一东西（事情）看不同学生的表达，从而反思，再修正自己的表达方式，这是比较有效的教学方法。小学习作教学是一个帮助学生从试写到模仿，再从模仿到独创的过程。总之，体验式习作教学是帮助学生由一般感性体会到有意识体验表达的重要方法。

五、做评价，观察体验写作效果

自然生活体验作文教学是在教学中引导学生观察和思考生活中真实的人物、事物、事件和景色，根据实际的写作要求把握写作要点的作文教学方式。生活情境体验作文教学，是指教师在课堂上通过设置情景，使学生融入情境体验之中，在心灵的沟通与情感的交流中，把写作知识和技能进行内化的作文教学方式。自然生活体验作文教学和生活情境体验作文教学一样源于生活，但是前者是从学生日常接触到的家庭生活、学校生活和社会生活的真实场景入手，而并非是从课堂上教师设置的具体情境入手。另外，阅读体验作文教学是以文本为出发点，通过看、听、说、读、品、写等方式来调动学生的内在情愫和生活积累，体会教学内容，体验作者心声，感受文章审美认识，并在感悟的基础上形成个性化的阅读见解的作文教学方式。

经过一段时间的"体验互动式"教学，我通过课堂观察和日常观察，发现班级里的学生写作情感变得浓厚了，对待作文的态度也发生了一些转变。

首先，课堂气氛活跃。以前教学形式相对单调，教学过程相对枯燥。大多数的学生比较害怕作文课，一看到教师拿着作文本走进教室，就开始紧张，开始发愁。而"体验互动式"教学使他们在自然生活体验中享受大自然的赠予，在生活情境体验中进行生活实践的模拟，在阅读体验中走进神秘奇妙的世界，学习变得轻松有趣起来。他们还发现，作文原来不是被动地按照教师所希望的那样去写，而是循着自己的思维历程自由地去表达。写作不只是教师布置的一项必须完成的学习任务，而是倾诉自己心声的机会。于是，他们开始喜欢上作文课，喜欢在作文课的活跃气氛中获取知识，学习表达。

其次，互动交流积极。以前在课堂上，除了个别特别优秀的学生会积极举手发言，大部分学生都沉默不语，只是倾听优秀生和教师的对话。可是进行了"体验互动式"教学以后，因为联系学生的生活体验、阅读体验，学生的学习积极性一下子被激发了。他们在畅所欲言中进行思维碰撞，不用担心是否与教师的预设所一致，不用顾虑是否和标准答案一致，只要基于体验言之有理就会得到大家的认可和肯定。而且在交流中，学生不再仅仅作为被评价者，也可以作为评价者评价同学的发言，给同伴送上鼓励和赞赏，为同伴提出意见或建议，在相互促进中获得共同进步。

再次，写作过程流畅。写作教学中，最能直接改善学生和写作之间的关系的方法，就是帮助学生掌握流畅地进行表达的方法。体验作文教学恰巧有效地攻克了学生的写作障碍。以前，学生在教师的作文讲授中，一边听，一边记忆。教师讲的时候，似乎都听懂了，记好了。可是，一动笔，就似乎忘了一大半。于是，只能一边回忆，一边写。有时会看到个别潜质生转转笔，捏捏橡皮，想了老半天只写了几个字。这样的写作过程对学生来说，简直就是一种煎熬。而体验作文教学引导学生把自己的体验表达出来，学生写作思路只需要顺着自己的思维之泉潺潺而流，就可以轻松表达。写作难度自然降低。

附：学生作文欣赏

记一件委屈的事

六（3）班　崔芯瑜

人生的旅途中难免会受到委屈，我也不例外。当每每蒙受冤屈，或被人误解，我都只是默默地流泪。这眼泪是我对委屈的表达，无声的抗诉。而过后，我都很快地淡忘，唯独那一次，即使已经过去许久，现在仍然深深地烙在我的脑海中。

读幼儿园大班时，我有一个好朋友，叫晶晶。我们每天一起吃饭，一起玩耍，分享快乐，形影不离。一天早上，她从书包里拿出一个粉色的，形状十分可爱的橡皮在我眼前炫耀。我羡慕地看着那橡皮说："真漂亮！"正伸手想拿来看看，她却一缩手，赶紧小心地把橡皮放回书包，还得意地说："这是我最爱的礼物，是我妈妈送给我的，谁也不能动。"说完就放好书包离开了教室。我虽然心里不高兴，却也没办法，嘟着嘴坐回了自己的座位闷头看小人书。

上课铃声响了，晶晶回到教室。当她打开书包，却发现橡皮不见了，在一轮又一轮地把书包翻个底朝天后，她好像想起什么似的冲到我跟前，瞪着大眼睛气冲冲地推了我一掌说："你为什么要偷我的橡皮，还来！"我一下子蒙了，连忙说："我没有，我没有！"她更生气了，一溜嘴不停地说："一定是你，一定是你，你刚才都说我的橡皮漂亮，一定是你偷的。"我听了，眼泪像断了线的珠子似的掉了下来，哽咽着说："我们是好朋友，你连我也不信，再也不跟你玩了。"说完就委屈地离开了教室，死活拽着刚到来的老师，让老师通知妈妈把我接回了家。那天过后，我俩再无亲近。

不久，由于搬新家，我转去了另外一家幼儿园。我至今还记着，离开幼儿园那一天，我仍然带着满腹的委屈和伤心。而至于她的橡皮是否找到，是掉的还是谁偷的，答案对我来说，都已经没有意义。

长大后，我深刻地意识到，信任，才是朋友交往最重要的基础。

家庭趣事

六（2）班 严炜怡

世界上有许多有趣的事，才让世界充满欢笑和快乐。现在就让我谈谈我的家庭趣事吧。

那是一个天气晴朗的星期六，我和爸爸从书店买回了一本脑筋急转弯。回到家里，我就和爸爸妈妈说："我们来比脑筋急转弯吧。"爸爸妈妈异口同声地说："好！"

我拿出这本书，随便翻开一页就说："有一个人掉入水中后，他首先会怎样？""弄湿衣服。"爸爸激动地说。"爸爸得一分。"我大声喊着。听到爸爸得了一分，妈妈显得很着急，怕追不上爸爸。接着，我又问："外国和中国的'国'内都盛产什么东西？"爸爸说："人"，"错误！"我回答道。"玉，国字里面是玉。"妈妈说。"妈妈答对了。"我说。妈妈的脸上露出了开心的表情。

经过了十几回合比拼，爸爸妈妈比分19：19，打成了平手。我问最后一个问题："在课堂里上课时，同学们都是坐着的，但阿华每一节课都是站着的，怎会这样呢？""我知道！"妈妈激动地说，"因为阿华是教师。""答对了！"我开心地说。妈妈以20：19分胜利了。

家啊，你是每个人生命中的至宝呀，谁能忘记你呢？

溜　冰

五（3）班　邓梦瑶

在我印象中，有许许多多难忘的事，但是，令我印象最深刻的就是下面这一件。

记得读三年级的暑假，我和妈妈去舅舅家玩。到了舅舅家，舅舅送了我一双溜冰鞋，当时可把我乐坏了。因为我看见隔壁家的一个大姐姐溜得可厉害了，心里很是羡慕。于是我对妈妈说："妈妈，今晚我们去广场溜冰吧。"妈妈说："可是，你都还没学会，去那么多人的地方溜冰不好吧。"我迫不及待地说："这么简单的事我一学就会了。"我吵着闹着要去，妈妈十分无奈，只好带着我去了。

来到广场，哇！那么多人呀！我找到了一张椅子，坐了下来，拿出红色的溜冰鞋穿上，戴好头盔、护肘、护膝。当我正准备站起来的时候，妈妈马上过来扶着我。我说："不用。"妈妈说："不行，会摔倒的。"我得意扬扬地说："这有什么难的呀，不就是站起来吗？她们都可以溜得那么好，我也行的。"我急忙站起来，只听见"嘭"的一声，我摔了一跤，妈妈赶快过来扶起我。我生气地推开妈妈的手，说："这有什么难的，我就不信我滑不了。"我刚站起来时，又重重地摔了一跤，妈妈扶起了我。我坐在椅子上，把鞋子一扔，说："不学了，这么难。"妈妈说："正所谓'失败乃成功之母'嘛，一两次失败就使你放弃了？你想不想像那些大姐姐一样，溜起来像一阵风呢？那就必须要付出努力才行。"我一听，恍然大悟，于是，重新拾起鞋子，继续练习。

我让妈妈扶着我绕着院子溜冰，我每天都坚持练习溜冰。经过我十几天的辛苦练习，我慢慢发觉，我的身子变轻了，像一个小蜻蜓一样，收放自如，耶！我成功了！啊！好开心啊！

通过这件事，我学会了坚持，我坚信"世上无难事，只怕有心人"。

第 四 章

小学高年级活动互动式
作文教学

　　小学高年级活动互动式作文教学，是指在活动教学理念指导下，积极开展各种各样的互动活动，让学生通过参与各项活动，获得一定的生活体验，从而使习作成为学生在教师指导下主动倾吐情感的过程，使学生在多方面能力综合发展的同时，形成写作训练的具有开放性的作文教学观和教学方法，为学生步入写作的美好殿堂、洞开有趣而科学的习作大门奠定基础。习作本身既是学生对生活的一种再现、理解、创造、升华，同时更是一个开放的、流动的、递进的、复杂的思维过程。在活动中互动，可以有效提高学生的作文水平。

第一节　小学高年级活动互动式
作文教学意义与理论基础

一、小学高年级活动互动式作文教学的意义

作文是一种具有高度综合性、创造性的语言活动，作文水平也就成为衡量一个人的思想水平、知识水平的重要尺度。教学生学会作文，是小学语文教学的一项重要任务。从上我们可以了解到，作文即写作，是一种必须以个体自身对作文的心理需要为基础的活动，是一种表达内心情感的心理需要的活动，没有这样的心理需要是写不出也写不好的。对写作的内心要求，心理需要，是我们认识写作这种语言活动的特点时，绝不能忽视的。写作是通过个体进行内部言语整合操作——作者先提取自身的记忆中的习作知识，再对自身所拥有的写作材料进行整合，最后利用成熟的语言技能将自身所悟所感记录成文本的过程。

（一）培养了学生的学习兴趣

德国著名教育家福禄贝尔认为：儿童具有活动的本能。美国教育家杜威倡导的生活教育，即以儿童及其活动为起点，个体为获取经验就必须在活动中主动去体验、尝试、改造，必须去"做"，他认为经验都是由"做"得来的，同时也体现了以"做中学"为核心的实用主义教育思想。活动互动式作文教学从习作内容、习作资源的选择上力求新颖，以保证趣味性，从而吸引小学生的注意力，改变学生的作文畏惧心理。随着探究性学习的不断推广，学生的探究心态在活动互动式作文教学中也可以得到不断培养，培养学生好奇、好学的求知心，乐于投入到语文学习中，并将学到的知识应用到日

常生活中去。要使学习变得有效就要让孩子在"做中学"去感受、去体悟。习作教学也应该遵循这一儿童发展规律，活动互动式作文教学很好做到了这一点。

（二）丰富了学生的学习内容

活动互动式作文教学对习作内容的选择具有自主性。如：教学活动作文"自选商场"，教师在教室里设计布置活动所需的"商场"，摆放好物品，并提供售货员和顾客等角色供学生挑选，让学生在参与活动中，学习有关商品的生词，记住常购物用语，体验到自学成功的乐趣，增强了学习语文、进行口语交际的信心。活动互动式作文教学的教学目标具有开放性，让学生自主选择想写的习作内容，进行作文和交流，提取自己所积累的好词佳句，运用到作文中去，教师在写作过程中教给学生相应的写作技巧，保证学生的习作主体性，激发学生习作对话的欲望，积累写作经验。

（三）扩展了作文教学的新模式

活动互动式作文教学的最大优势在于能够解决学生习作内容、习作资源缺乏的难题。活动互动式作文教学通过预设活动、创设情境，引导学生进行实践、尝试，在体验活动的过程中获得写作内容，学生也会发现，从生活中可以取得源源不断的写作资源。活动的目的是给学生提供素材，但只有素材还不能写出好文章。区别于传统的作文教学模式，教师如不加以指导，学生只能记流水账，谈不上写作思路，更谈不上写作思想。学生在活动互动式作文教学中，首先要具有积极的文章思维，在传统作文教学中容易受到仿作的影响，导致在班级大范围内的产生相似性习作，活动互动式作文教学可以为学生提供丰富的习作素材，活跃学生思维，让学生在欢乐、自主的氛围中探究问题、发现素材、利用素材，进而实现思维的重组和整合，盘活"库存语言"，创造出优秀作文。活动互动式作文教学也转变了教师与学生的定位与作用，学生才是活动的主体，活动过程的建构者，是学习的主体。

二、小学高年级活动互动式作文教学理论基础

（一）体验教学理论对习作教学的启示

"体验"不同于普通心理学已经证明的"意识"，也不同于认识论意义中的"经验"一词，更特指一种"生命体验"，指"具有本体论意义的源于人

的个体生命深层的对人生重大事件的深切领悟"。这样的体验就不同于日常中所谓的"经验"，经验指向一切的心理层面形成物，如认识、意识、感情、感觉等，而体验则专指一些同审美或是艺术相关的较为深层次的更具活力的生命的领悟和存在的状态。德国心理学家狄尔泰认为，对人生的体认不能都诉诸理性，只能算是体验，只有通过体验，人们才能够从内在真真切切地投入自己的生命之流中，与自己的生命融合；只有通过体验才能把活生生的生命本质和意义穷尽。因此这一理论普遍认为，生命既是人从生到死的获得体验的综合；体验可以创造出生命的意义，从而让自身达到一种审美的自由之境，同时通过体验，人才能使自己成为真实的自我，把生活当成自身的命运，不使自己麻痹于日常生活的惯性中，失去内在的灵性。因而从哲学意义上来说，体验更是人作为主体对生命本身意义的把握，是作为人的存在方式，具有本体论的意义；而从心理学方面，体验又与主体的意识、意志、情感等心理功能相结合。

从教育方面来看，体验是被教育主体内在的历时性的知、情、意、行的体认与验证过程；从艺术的本质上来说，艺术更起源于一个人试图把自身体验过的情感传达给别人，从而在内心重新唤起感情，并用某种外在的形式表达出来。因此从体验的相关理论来看，活动作文符合体验的过程，在语文教学中着重言语艺术把握的同时，也要让学生获得活动中的亲历感受，同时产生感悟；在文学领域中，作家的文本更是作家本身体验的外化形式，其认识、感受以及对生活的体验是作为内驱力生成写作动力，再通过体验活动进行相关习作，体验理论适用于学生的习作训练。

（二）活动教学认识论对习作教学的启示

活动教学认识论认为，传统教学只是实现了由感性到知性的认识，有待于进一步上升为理性的认识。近代开始的传统教学从感性经验开始，在观察自然基础上归纳出事物的形状，并以一定的词语进行命名和定义，形成概念。学生在理解概念的基础上熟悉和巩固这些概念，并运用到相似的情景。事实上，这些概念所反映的只是数量有限的同类事物的外部性状，并未揭示出该类事物的内在本质，更未揭示出不同类别事物间的联系和运动状况，因此只是一种知性的认识，不能用于对普遍事物的揭示，有待于上升为对客观世界整体上的、动态的内在规律的把握，即理性认识。

活动教学认识论认为，要使教学认识水平由知性上升为理性，除了教师必须对知识透彻了解，能够表达和呈现出知识和发展的方式，抓住改学科本身的逻辑规律进行教学外，还必须加大学生在教学认识活动中的智力操作强度，加强对整理知识和重组知识能力的培养。活动教学认识过程把教学认识活动看作一个不断探索发现、不断解决矛盾和问题的过程，不仅有助于发展学生的认识能力，而且有助于发展他们不断进取和开拓的个性，培养他们凡事精益求精、永不满足的态度。活动教学认识论认为，个体知识结构的形成和发展，是在个体已有知识、经验基础上通过个体探索和社会交流相结合的实践活动来实现的。提倡个体探索与社会交流相结合，努力使教学认识过程成为个体独立探索与群体交流相结合的社会实践方式，培养学生健康的社会交往经验。具体来说，就是教师在引导学生独立探索的基础上，开展经常性的讨论和交流活动，让儿童和青少年在发表自己的探索成果、倾听他人活动经验过程中进行客观的比较和鉴别，从不同的角度改进自己的经验和认识，克服原先独立探索中的片面和局限性，使自己的认识和行为上升到一个新的高度。由于这种群体交流的方式成为经常性的活动，儿童不仅养成了积极参与和善于表达的习惯，而且对改变以自我为中心的心态，学会思想、感情和意向的交流具有重要的意义。

（三）"语文生活化"理论对习作教学的启示

在小学阶段，教师要注意培养小学生把自己所看、所听、所想的内容或亲身经历的事情，以合适的语境、正确的语法、恰当的词语表达出来。"语文生活化"理论对习作教学最重要的启示，就是要改变学生习作来源，让学生从生活中发现习作资源，对客观的生活经历进行感悟，教师再加以指导，让学生写出扎根于现实生活的真情实感，从而真实地提高学生的写作能力。

杜威指出："教育即生活。"他认为教育是生活的过程，学校生活应与儿童自己的生活相契合，满足儿童的需要和兴趣，使儿童在现实的学校生活中得到乐趣，获得充分生长和自由发展的条件。正因为习作是用来表达思想、与人交流的，是适应实际生活需要的一种交际工具，所以，学生习作必须回归生活。习作教学生活化注重从激发学生的习作兴趣入手，关注培养学生自主学习的意识和习惯，尊重学生的个体差异，鼓励学生选择适合自己的学习方式，为学生创设良好的自主学习环境。依据语文课程标准的具体要求，根据不同年级段的习作教学内容，结合语文教学生活化"拓宽习作的渠道，开辟选择的空间，贴近生活，自由表达，展示生活情趣"的课题研究主旨，习作教学生活化在培养学生的习作意识、用词造句、布局谋篇的能力和观察事物、分析事物的能力的同时，通过以习作内容为中心的活动，从不同角度展现了习作教学生活化对学生语文综合实践学习能力的培养和真正内涵。语文教学中的习作生活化理念可以让学生展现自我，与他人实现交流，感悟生活，加深学生对生活的认识，助其形成主体的人格。

第二节 小学高年级活动互动式
作文教学特点与形式

作为表达内心情感的心理需要，整个作文过程都会有情感依托，唯其如此，作者才会有"如量倾吐的快感"，读者才会有"情感心通的妙趣"。习作教学因此受到高度重视，广大语文教师将习作教学作为语文教学的根本任务。近年来，习作教学发生了很多积极的变化，其中活动互动式作文教学就是从培养学生习作兴趣、增强学生习作动力的角度提出的一种习作训练方式，了解其特点与形式是增进互动，提高活动互动式作文教学效率的有效途径。

一、小学高年级活动互动式作文教学的主要特征

（一）趣味性特征

小学高年级学生处于心理、生理发育的成长期。这个阶段，他们好奇、好玩且善于思考，教师把握好这个阶段小学生的心理特征，可以使教学达到事半功倍的效果。活动互动式作文教学过程本身具有趣味性，可以使学生通过亲身经历，获得直接的活动体验，再进行文字记录；活动互动式作文教学中不仅活动本身具有趣味性，学生在经历活动之后所记录的文本也具有趣味性。经过提炼的语句，再加以教师指导，便可以成为一篇优秀的活动作文。现代习作教学重视学生的真情实感，活动互动式作文教学的目标之一就是让学生亲眼看到、亲身经历，通过情境再现，让学生变得有话可说，自愿写作文。

在寓教于乐的活动习作训练中，教师加以点拨，促使学生对生活进行感悟以及对生命进行思考，使学生从习作中实现情感的迸发，达到心灵的舒展，从而写出带有真情实感的优秀文章，教师在学生的习作文本中体会学生的心灵感

受，增进与学生的情感交流，为学生营造出轻松自由的写作氛围，让学生感受到写作的乐趣。

（二）多元性特征

在倡导教学活动多元化与教学内容丰富化的今天，活动互动式作文教学表现出多元化的特征。活动互动式作文教学的多元性特征，指的是构成活动的各要素与实施过程所设计的要素之间的非封闭性。

主要表现在以下几个方面：首先是活动内容具有多元性，有对学科知识的巩固、运用和验证，有对学生的兴趣、爱好、特长的施展与发挥，还有来自社会生活和学习生活的丰富内容等，充分满足了学生的各种需要；其次是活动空间具有多元性，学生可以把教室、校园乃至社会场所作为活动的空间，如室内活动、各种体育活动、社会实践、参观、游览等；最后是师生、生生关系具有多元性，在活动中，师生可以是参与者，可以是组织者，也可以是旁观者。此外，还有评价方式的多元化，形式的多样性等。

（三）创造性特征

现代社会信息量猛增和"知识爆炸"等情况的出现，使人们认识到单纯地掌握继承性知识的不足，逐渐意识到发展探索知识和整理知识的重要性，并在此基础上实现创造性能力的培养的重要性。

"创新是一个民族进步的灵魂。"小学高年级是培养学生创造力和创新意识的奠基时期，活动互动式作文教学的课堂为培养学生的创造力搭建了舞台。在这个舞台上，教师创设情境，组织活动，使学生如临其境，感受生活的点点滴滴，体会生命的魅力。在创造性方面，活动互动式作文教学通过建构与学生生活密切相关的情趣性、创造性课堂，挖掘出学生潜在的创造力，引导学生不断参与活动、发现问题和解决问题，在从事主动、能动的认识活动的同时，学生也能全面发挥他们的精神力量，实现认识的不断深化和个体的不断完善，培养出创造思维的能力。此外，活动互动式作文教学可以作为启发性教学方法的一种，引导学生自身对日常生活的体悟，教师加以点拨，通过活动作文的课堂让学生释放自己的情感，表达自己的思想，突出学生的主体地位，提高学生的语文素养。

（四）开放性特征

作文教学中，首要的步骤就是命题，题的本义为"头额"，目的本义为

"眼"。现在所说题目，用的是其比喻义，即标于篇首的文字。作为标于篇首的文字，题目应当鲜明醒目，使人一看即知文章的内容和形式的特点。活动互动式作文教学在命题阶段便表现出开放性，教师通过开放式的命题向学生明确本次作文在内容与形式等方面的要求，以使学生把习作完成好。

在活动互动式作文教学的准备阶段，教师可以事先了解学生的兴趣爱好、学习需要，选择合适的教学内容。依据定好的教学内容，挑选合适的活动场地，游戏竞赛类活动可以利用学校操场、体育馆等开阔性场地，科学实验类活动可以利用学校的实验室或市区内的科学展览馆等，以开放的活动场地容纳开放的活动教学内容。在最后的作文评价阶段，教师可以选择档案袋评价方式，将学生的草稿、练笔、习作都进行收集和归类，实行形成性评价；教师也可以让学生参与到评价中，师生共评活动作文，交流感受，增进师生感情。

（五）实践性特征

活动互动式作文教学，主张珍惜学生独特的感受和体验，教师通过组织各项活动，让学生参与其中，使其获得活动体验和生活体验，再指导学生进行情感抒发。学生通过参与活动获得体验，在实践中认知事物。学生从自身角度去观察周围生活，评价所经历的活动，在实践中把外界发生的事件以及事件中的人物和思想转变为自身的记忆和体验，最终融入自己的心中。在后期教师指导的习作过程中，学生再把这些从实践中获得的体验提取出来，反馈到作文中去，形成一篇经得起实践检验的好文章。

活动互动式作文教学在作文素材的积累方面要求学生在实践中多想多写，捕捉身边的真实场景、活动细节，这样才能有感而发，学生亲身经历了，才会觉得有话可写，有情可抒。

二、小学高年级活动互动式作文教学的主要形式

活动互动式作文教学力求突破传统，寻求开放、自由的习作及指导形式，把习作就是活动的特性尽力彰显出来，让写前、写中、写后都趣味无穷。为此，我们设计了灵活多样的、创新的活动互动式作文教学形式。

（一）游戏式活动

活动互动式作文教学具有趣味性特征，教师可以通过设计组织课堂中的游

戏，使学生参与游戏，获得活动体验。游戏式活动的步骤包括：设计游戏、写玩游戏的构想；参与游戏，写玩的过程、细节；结束游戏，写自身参与的体验和感受。

如在游戏习作"魔法拍卖会"的教学中，学生选择顾客角色，教师选择拍卖师角色，在拍卖会上以卡片形式摆放"学识""外表""能力""名誉"等特殊商品，学生也会自己制作拍卖用的道具货币。教师选择合适时机开始拍卖，学生全程参与拍卖。教师会注意询问和记录学生拍卖各商品的动机和目的。在要求学生记录活动过程后，在第二课时完成习作。此类游戏习作还有"踩影子""拷贝不走样""贴鼻子""藏猫猫"等，这些都能让学生痛痛快快大玩一把，然后下笔成文。

（二）表演式活动

现阶段的语文教材中包含各种文体的课文，教师可以根据课文创设情境；或者组织学生写小剧本，挑选角色扮演，体会不同角色的心理活动，在表演交流中领悟，最后写出文章。

表演式活动的形式包括单人表演、双人表演、多人小组表演等。如"妈妈的爱"体验习作中，让学生分成两拨，先后扮演妈妈、孩子两个不同角色，在母子俩的矛盾冲突中理解妈妈的内心世界，体会沟通的重要意义，也体会妈妈工作的艰辛。通过这一课，学生进一步认识到妈妈的平凡和伟大。此类习作选择性很广，可以让学生去表演书中的情节，也可以创设特定的情境，或让学生去扮演自己最欣赏的名人等。

（三）竞赛式活动

活动互动式作文教学中，为调动学生参与的积极性，并保证课堂的热烈气氛，教师可以组织各种小比赛，分组或分性别进行比赛，激发学生的写作欲望。

其形式具有多样性，包括片段描写、自身参与的过程描写、观赛描写和观后感想等。如"左手夹豆比赛"，即比一比在限定时间内谁用左手夹豆最多。这个过程中不单单比赛者参与，其他学生也会成为啦啦队，参与到比赛中去。通过参与竞赛式活动完成的习作，往往激烈紧凑，精彩绝伦。竞赛式活动的活动场地的选择具有灵活性，教师可以选择本校操场、实验室或是校外教育场所等地开展，丰富学生的习作素材。

（四）连写式活动

连写式活动是指学生围绕一定话题，一人一句或几句地连续说或写，最后形成有一定内容的文字材料的学习性写作，也叫"接龙习作"或"接龙续句"。

具体方式有：表演连写式，即先看表演后连说或连写；看图连写式，即先看图连说或连写；读文连写式，即先读一段文字，然后再连说或连写；想象连说式，即由一个人说一句开头的话，其他人围绕句意展开想象，逐人逐句连续地说或写下去。

（五）交际式活动

人际交往是一项重要的能力，交际口才与习作训练密切相关。在社交中学习作，帮助学生克服社交的紧张和焦虑，是很有意义的语文实践活动，也可以有效帮助学生在习作中真正做到"吾手写吾口"。

以"交到新朋友"为体验习作题目，在活动大课间，组织学生到大操场，要求学生和陌生的年级、班级的同学搭话、交流，限时五到十分钟，一开始大家都觉得无从下手，且无法克服自己的羞涩情绪障碍。教师通过教授简单的社交技巧帮助学生进行交谈，最后，大部分学生都完成了本次活动任务，以本次活动体验为主题写下《交到新朋友》一文，感悟自己的心理变化。

（六）探究式活动

科学知识在小学生心目中是高尚而神秘的。在活动作文教学过程中，选择实验习作的题材，放手让每位学生动手去操作实验，亲自破解科学之谜，对学生来说不仅是件令人兴奋的事，对学生的表达及写作也是很大的挑战。通过探究式活动写出来的习作，条理较清楚，描写也比较具体。

语文课本中有不少科学小品语言精练、说理透彻，我们可以在教学后让学生实验，再形成探究性习作主题。如教材中提到蚂蚁的判断力很强，教师就可以让学生用蚂蚁、棉线、糖等材料去做实验。实验过程中引导学生细心观察，验证结果，这样，就很容易写成探究性作文《蚂蚁的智商有多高》。

第三节　小学高年级活动互动式
作文教学改进策略

一、基于心理特点科学设计活动作文

小学高年级活动互动式作文教学，首先要对小学高年级学生的习作准备状态进行分析，小学高年级学生的心理特点和写作能力的发展阶段特征都对实施活动互动式作文教学过程中的教学有效性和教学可能性有着决定性影响。首先，儿童在小学阶段处于对各种基本知识和技能进行学习和掌握的起始阶段，学生在这一阶段的心理特点有其特殊性，此时进行的活动互动式作文教学应当和小学高年级学生积极的心理活动体验相契合。其次，小学高年级学生的习作具有复杂性，是一个在不同年级呈现不同特征的复杂心理过程。因此，准确把握小学高年级学生的发展特征，对活动互动式作文教学的实施有着积极的作用。

（一）小学高年级学生心理特征分析

低年级的小学生在情感、意志方面具有较大的波动性，高年级小学生的情感、意志状态更为稳定，他们对别人的好恶开始反映在他们的行动中；在同一时间，他们逐步减少对成人的依赖，可以凭自身力量独立完成任务。小学生自我控制能力还是比较差的，意志力薄弱，完成一些任务，往往需要他人的协助。因此，在活动互动式作文教学过程中，创设的情境类活动应当是多元的，例如通过比赛竞争、场景模拟等途径激发学生的兴趣，引导学生积极参加，接着再设计挑战性的活动，逐步培养学生独立思考解决问题的能力，保持学生意志活动的自觉性和持久性，从而让学生坚持完成学习任务。

小学高年级学生的感知能力与观察能力从笼统向精确方向发展，因此，他们可以观察更多的细节。根据皮亚杰的儿童认知发展理论，小学生升入高年级之后，其逻辑思维能力和抽象思维能力开始养成，教师对活动的设计和教学目标的预设要以学生的逻辑思维能力和观察行动能力为基础，发散学生思维，让学生主动参与到活动互动式作文教学中去。高年级小学生想象力的发展主要经历了由片面模糊的阶段向完整清晰的阶段过渡的发展过程，升入高年级后，学生的想象力、创造力变得更为清晰、完整。而在具体思维能力方面，小学生在低年级阶段以具体形象思维为主，到了中年级，过渡到抽象逻辑思维；进入高年级之后，概括和抽象思维得到发展，学生可以应对更为复杂的活动教学。在这个阶段，教师可以设计一些情景模拟或角色扮演的活动，让学生体会场景、氛围和人物心理，充实他们的想象空间，发展辩证性的思考能力。

（二）小学生作文能力发展阶段特征分析

小学高年级活动互动式作文教学在设计本年段训练目标的同时，也要注意与其他年段之间的衔接。合格的小学语文教师要对处于不同发展阶段的学生的写作能力有全面的了解和分析，再进行教学目标的设计和教学活动的预设。

第一学段：乐于把自己想说的话写下来；鼓励自己写话，写自己想写的话，能完成口头语向书面语的转换即可；鼓励引导写自己的话，用自己的眼睛去观察，用自己的心灵去感受。引导学生学会写一个场景、一个人的肖像或者一件简单的事情。

第二学段：出现个别差异，有了不会写文章的学生；此阶段的习作文体，鼓励自由地写下见闻、感受和想象，同时提出用简短的书信便条进行书面交际的要求。继续写作，学生懂得为自我表达和与人交流而写作，能写简单的纪实性文章。

第三学段：作文和想象作文，内容具体，感情真实；能根据表达习作内容的需要，开始学写读书笔记和常见应用文。

（三）根据活动作文不同阶段，合理选择教学方式确定指导规则

小学高年级活动互动式作文教学具有丰富的形式和内容，教师在选择活动互动式作文教学模式之前，依照课程计划，根据学生的心理特征，带着合理的教学目的进行活动互动式作文教学的安排。同时，教师要确定活动主题，有序开展小学高年级活动互动式作文教学，使活动互动式作文教学课堂精彩纷呈，富有成效。

1.重点设计活动过程

在小学高年级活动互动式作文教学中，根据每节课所包含的不同习作知识点，教师要设置不同的活动形式，以突出教学重点。例如，场景描写，设计集体活动、小组活动，引导学生现场观摩活动；心理描写，设计个人比赛，重点引导学生写出个体心理变化；对活动互动式作文教学的设计，应当注意对教学重点的把握，对学生必须掌握的写作知识和写作技巧有所侧重，使学生带着明确的目标投入到活动互动式作文教学中，写出出色的活动作文。

2.开放设计活动空间

艺术来源于生活，写作活动作文是学生接触语言文字艺术的一种形式，应当保证其形态上的生活化。活动互动式作文教学中，对活动场地的选择也至关重要，教师应打破课堂的桎梏，拓展学生活动天地，走出教室，针对不同的活动主题选择不同的活动场地。校园、操场、实验室、市区科学馆、少年宫等都可以让学生走出课堂寻找习作素材，也可以培养学生观察生活的能力。

二、注重活动互动式作文教学生活化

（一）活动互动式作文教学内容生活化

小学高年级活动互动式作文教学的重要习作内容之一就是生活化习作内容。活动互动式作文教学内容生活化可以让学生的习作变得更有血有肉，体现出童真童趣。教师指导学生在学校的日常生活中要及时观察、及时记录，听身边的声音，看身边的事情。学生常见的活动方式就是感知体验活动过程、理解感悟活动过程、实践反思活动结果，学生对待活动互动式作文教学的体验，也是学生自身成长的一部分，包括认知身边事物的现象、理解日常生活现象，在教师组织的活动中，学生通过体悟生活的点点滴滴，去理解生活，获得成长。

在活动互动式作文教学中选择生活化习作内容，要做到让学生全身心投入学校生活。为解开过去教师为主导的填鸭式教学给学生带上的枷锁，教师选择的活动内容要以学生为主体，选择学生成长中经历过的生活。陶行知对几千年传统教育的弊端提出了"五个解放"，即解放儿童的头脑、双手、嘴巴、空间、时间，其旨在让教师和学生在教学过程中拥有平等的地位，让学生以积极的学习兴趣投入到学习生活中去。小学高年级活动互动式作文教学倡导以开放式教学策略构建作文课堂，那就更需要学生以主体地位参与其中，学校生活不应该是灰色的，让学生有消极的情绪，学校生活的颜色应该是彩色的，学生在教师设计的每一次活动作文课中，都能获得成长体验和全新的感受。

（二）活动互动式作文教学资源生活化

习作生活作为语文课程资源中的学习资源，因其文化的丰富性与多样性，为课程资源的开发留下了巨大空间。在现阶段的活动互动式作文教学中，由于教师都对现有教材给予了充分信任与肯定，我们可以从教材文本资源入手，充分用好教材，挖掘出课文中与学生学习生活息息相关的习作资源，就可以贴近生活，指导学生进行创造性习作。

教材的每一个单元都会有语文综合实践活动，我们可以充分利用语文教学实践活动这一平台，开发并整合源源不断的活性习作资源，然后通过各种途径将各类习作资源优化，以真正培养学生的写作兴趣，提高学生的写作水平。开展各式各样的语文实践活动，从生活中开发资源，充分体现"听说读写"各项语文学习活动的综合，真正实现语文学习与生活实际相联系，为学生的活动习作训练打开一道生活的大门，让真实的生活淀放出生命的色彩。全国著名特级教师张化万老师的《吃西瓜》教学实录如下。

一、天热盼瓜

教师和学生从天气聊起，让学生兴奋地诉说对夏天的喜欢，并采用快速作文的方式，用语言的实践让全体学生写片段。巡视时，教师要求写完的学生自读自改。在交流中营造气氛，做好铺垫。

二、看瓜、说瓜

教师手持一个西瓜，让学生观察半分钟。然后在四人小组内说说西瓜的颜色、外形，吃瓜的感觉，西瓜的好处，教师请学生小组讨论。

二、分瓜、品瓜

师：（关切地问）想吃吗？

生：想。（并不相信，回答不积极）。

师：闭上眼睛，等张老师让你睁开眼睛时再看，不然待会儿可不能吃！（学生笑声一片）

教师招手，助手送上三大盆切好的西瓜。学生睁眼后欢叫。

师：说说看你们的心情如何。

生：我的口水已经流出来了，张老师你别磨蹭了，赶快分给我们吃呀！

生：肚子里的虫在叫，垂涎欲滴了。

生：快乐得不能再快乐了。

师：好，现在开始分西瓜，

师：吃呀，快吃呀！别不好意思。吃得最快的得奖励。

（教师拿一块奖励给第一个吃完的学生）

师：第二名、第三名也有奖励。

（教师同样拿西瓜奖励学生）

师：下面是第二个奖励，奖励吃西瓜特别干净的同学。

（一位学生将一块啃干净的西瓜皮递上）你应该被奖励。

师：张老师这里还有西瓜，特别想吃西瓜的同学可以到我这儿再拿一块。

师：吃西瓜的感觉怎么样？

生：爽！

师：抢瓜的是英雄，希望我们等会儿说瓜、写瓜的也是英雄。刚才我们女孩中只有一个非常勇敢地抢到了一块西瓜。能够跟男生较量，最后取得了胜利，我向你表示祝贺。全班35个人，2个人没抢到西瓜是什么感觉？我想问一下。

生：真倒霉，我没抢到。

生：虽然没抢到，但在品尝第一块的时候，我是慢慢品尝，尝到了西瓜的美味。

师：（小结）张老师先是从天热想西瓜说起的，然后是"看瓜、说瓜"，刚才是"分瓜、品瓜"，最后是"写瓜、赞瓜"。

生：写瓜、赞瓜？

师：刚才老师把大家吃瓜、抢瓜、品瓜的情景都拍摄下来了，你们想看看自己的吃相吗？

学生一边笑一边喊：想！

师：请先看录像，请注意观察别人的神情，写好自己的心情。

看录像一分钟后，给学生二十分钟写作时间，教师巡视指导，写完后交流。让学生走上讲台，把作文放在投影仪上。

生：张老师说想吃西瓜的同学到我这儿来拿，同学们一听立即一拥而上。我也放开手脚，跟他们一起去抢瓜。真想一下子把西瓜全部抢过来，李军元双手真是迅速，一下子就拿到一块西瓜。李军元拿到这块西瓜，还没有来得及咬上一口，就被抢走了，毛立新毫不客气地拿着西瓜，真太不讲理了。这时，张老师说："西瓜分完了。"我虽然没有抢到西瓜，可是仔细回味刚才那块红瓤黑籽的西瓜，觉得跟平时味道不一样，真是吃到嘴里，甜在心里呀！

师：你写得真好，还有谁觉得自己有一两句写得好的，自信地读读自己写的话。

生：那西瓜真好。张老师说还有特别想吃的可以上来拿，同学们一听到这句话，就像饿虎扑食似的冲上来了。

师：好吗？

生：好！

师：他很真实，怎么想就怎么写，写得挺好的。你们写文章第一是真实，写出真实的事情。这个道理明白吗？

生：明白！

师：好，每个人找自己一两处修改一下，也改得像他们写得一样具体。给你们几分钟时间修改，行不行？

生：行。

（学生修改后交流）

活动互动式作文教学中生活资源的选择在这次的习作课堂中表现得淋漓尽致，张老师重视教学的教育性，重实践、重创新，重视开放的思维训练。《吃西瓜》让学生根据自己的兴趣和水平，自主选择内容、重点、题材，可以是用日记记录课堂上和同学们吃西瓜的乐趣，可以写信告诉亲人这一节有趣的作文课，可以写出各式的纪实作文，看张老师教习作，是和学生一起挖掘生活资源，享受写作的快乐过程。

三、提高教师写作指导艺术

小学高年级活动互动式作文教学包括激发学生习作的兴趣、指导学生学会观察、帮助学生积累、鼓励学生表达的诸多技巧。这些技巧的发展是一个终生努力以求的过程，这些技巧的发展程度足以影响个人能力的自我完善。我们应该把活动习作看成一种自然的生命状态、一种朴实的生活行为，应引导学生用真实的生命去拥抱习作，让心灵与习作亲密无间，表达自己的生命情感。这就

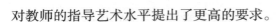

对教师的指导艺术水平提出了更高的要求。

（一）培养学生活动习作兴趣

兴趣是一个人经常倾向于某种认识，掌握某种事物，并力求参与该种活动的心理状态。小学是习作的起步阶段，主要目的就是培养小学生的习作兴趣。要改变小学生习作中的困境，创设小学生习作的需求，点燃习作热情，激发习作的欲望，培养习作的兴趣就是关键所在。那么如何培养小学生对活动习作的兴趣呢？

首先，教师应当用引导激发学生对活动作文的兴趣。学生对活动习作的兴趣，一是来自外界的刺激，如教师的引导、家长的督促、社会舆论、班集体的风气等。教师应当为学生创造出学生活动作文得以展示的机会，设置展示墙、交流会等。教师可以尝试引导学生写好日记，日记是促使学生习作写实事、说真话的启蒙，是点燃学生习作热情的最佳突破口，是激发学生习作兴趣的有效途径。引导学生用好跨学科资源，优化活动习作教学环境，努力构建学科间知识的融合，让学生在学习科学课、美术课、体育课等其他学科的同时，也能具有活动习作的意识。

其次要用教师的鼓励激发活动习作兴趣，要使学生的习作兴趣得到不断地提高，教师就要及时对学生的作品进行反馈，使学生获得成功的喜悦，同时也对其他同学起到一个激励的作用，利用分数激励、评语激励、评奖激励、成果激励等方式，让学生在每次活动习作中都能获得一个较好的分数，使他们享受成功的欢乐。

（二）注重高年级学生生活化观察力的培养

观察是有目的、有计划的认知活动，是通过视觉、听觉、嗅觉、触觉、味觉等感官来全面感知事物的过程。小学高年级学生无意感知能力强，以感官体验为主，缺乏持久性。根据这样的认知特点，我们应该着力训练他们良好的观察态度，教给他们观察的具体方法，养成观察的习惯，以获取丰富的习作素材，从而提高认识自然，认识世界、表现思想的能力。

首先指导学生有顺序地进行观察，在观察活动实践中，无论是空间上的远近、前后、内外、上下顺序，时间上的先后顺序，还是性质属性上的大小、轻重，教师要根据学生的实际需要，根据观察的目的、角度，指导学生选择不同观察顺序。

其次，由小学高年级学生的心理特点可知，他们对事物的观察主要靠视觉感受。单靠视觉要全面深刻地感知事物还是不够的，还需要运用耳朵、鼻子、皮肤等多种感官去观察；同时要注意指导学生将观察和联想相结合，把学生的目光引向丰富多彩的社会生活，引导他们留心观察大自然的一景一物、周围的环境、身边的人和事。在课文教学中，引导学生欣赏优美的句子，启发想象；借用与课文感情一致的音乐，营造气氛，创设情境，让学生在生活感悟的基础上，提升习作技能。

（三）积累活动习作生活化素材

生活是写作的源泉，写作除了积累间接经验外，还应把丰富多彩的社会生活、灿烂多姿的大自然作为学生习作的源头活水。

首先，教师可以尝试引导学生留心观察生活，每天主动将自己的所见所闻所感记在"我的发现"（人手一册）和班级的"流动日记"（班级公用）中。每周五写作课前进行交流。通过观察、记录、交流，学生不但有了大量鲜活的活动写作素材，而且切实地感受到处处有生活，也培养了自主表达意识。

其次，通过活动体验，丰富情感积累。平时在小学高年级活动互动式作文教学中，教师要为学生尽可能多地创设亲历体验、角色体验、换位体验等机会，引导他们走出课堂，走出校门，走向大自然，去观察万物，去调查环境的现状，去体验劳动的艰辛。学生的情感体验得到丰富后，对周遭事物的感受能力也自然有所提升。一是开展校内活动，在早会、班队活动、体育锻炼、科技文体活动、学校传统活动等活动课中，可以组织学生开展各种文艺、体育、科技活动和校内劳动实践。可以在班上组织学生进行家务劳动竞赛，让学生从家里带来炊具，到附近的菜市场买来蔬菜，分成小组，进行切萝卜丝、拣韭菜、削土豆皮等比赛，每人三次观察别人比赛，自己亲自参加一次比赛。比赛结束后，让学生及时写作，学生的习作就会生动活泼、充满情趣。钉扣子、缝纽扣、织毛线等比赛，为学生积累了丰富的生活常识和写作素材，使其的写作能够言之有物，而不是"无米之炊"。二是组织校外活动。在习作训练过程中，引导学生不断走出校门，去寻找写作的活水，如利用双休日结合学校大队部开展的野外活动，带领学生走上田间地头、参观工厂车间、调查周边河流的水质、考察文物古迹等。

四、改进活动互动式作文教学评价方式

小学高年级活动互动式作文教学内容来源于生活，并培养学生在习作中学会思考、透视活动内容、体悟活动体验的能力。所以活动互动式作文教学评价的目的，是在完成语文课程标准中提出的高年级学段习作目标的基础上，进一步指导学生写出反映活动、反映生活真实的、有血有肉的习作，为促进学生全面发展、彰显个性，构建新型的师生关系奠定基础。

（一）对习作主体的评价

对小学高年级活动作文进行评价，首先要对高年级学生的知识和能力作出评价。语文课程标准（2001年版）对第三学段（5~6年级）的学生明确提出了"40分钟能完成不少于400字的习作"的目标。小学高年级教学应向学生提出明确的字数和速度要求，记录并给予评价，以此促进学生提高习作效率，在写作时真正进入状态。

其次是评语表达，评价时应当以鼓励为主，评价语言要有启发性、指导性、操作性。为了便于学生接受并且学会自评自改，教师指导学生进行评价：读过这篇文章之后，你的脑海里有怎样的画面？是否能引起其他小读者的共鸣呢？也要评闪光点和不足，习作评价不能面面俱到，尤其是对习作水平较差的学生，更不能进行横向比较，要求过高。教师应充分挖掘学生习作中的闪光点，如真情实感处、有创意地表达处，给予鼓励、表扬、展示，以求达到范文的指导性作用。一般情况下，学生的活动习作过程通常包括准备、初作、修改三个阶段。每个阶段的评价都很重要，尤其是准备和修改往往被忽视，因此评价的导向性也更加重要。可以从评习作准备、评习作初稿、评习作修改、评习作方法等方面，结合课程标准要求，从体裁、观察、积累、表达、标点、修改、段落、书写等方面引导学生进行评价。

（二）对习作文本的评价

在对待小学高年级活动互动式作文教学中习作文本的评价，要注重情感、态度与价值观的评价，情感、态度、价值观的渗透伴随着习作的整个过程，学生在习作的同时，也受到了教育。因此，应将"抒真情，写实感"作为评价学生习作的首要标准。倡导小学高年级学生习作说真话、聊真情。要让学生认识到，只有写实实在在的事，写自己熟悉的活动，才有话可说，才能具体、明

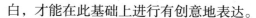

白，才能在此基础上进行有创意地表达。

对待习作文本的评价要注重多元化。习作作为运用语言文字进行表达和交流的重要工具，拥有广泛的读者，更应当注重与读者之间的互动。尽管学生的习作还很稚嫩，但同一篇文章，由于读者不同，感受和评价也各不相同。因此，习作评价的主体除了教师还有很多，如同学、家长、报刊编辑、远方的朋友、邻居伙伴、某报刊的读者朋友等，他们读文章的感受，对文章的评判、质疑、修改，可以为小作者们的习作提供多方位的意见，使小作者的情感、态度和认识更加深刻，从而使文章更加丰满。

引导学生自我评价。教师应引导学生对自己的活动习作进行通篇诵读，并仔细推敲每个段落中句子的用法，边朗读边思考，再进行删改替换，提出自己需要改进的地方，写下自己对本次活动作文的修改意见。在学生自我评价的同时，教师也要转换立场，和学生一起商量修改意见，保持欣赏的态度，说出自己的想法和见解，同时要潜移默化地教给学生需要掌握的习作技巧。让学生慢慢学会修改自己的草稿和小作文，学会从自己的角度看待每一次的活动体验。

运用集体评改。集体评改是教师组织全班学生一起参与评价批改的一种方式。这种方式目标清楚、要求明确。集体评改应在教师的指导下，共同评改，相互切磋，充分调动学生的评改积极性。

这种评改方式的具体操作步骤如下。首先选择范文，选择问题习作，即班级本次活动习作中较突出的带共性毛病的习作或出现当前习作教学中要重点解决的问题的习作。其次，展示评改，教师通过多媒体出示要修改的范文及评改的问题要求，学生看要求，读范文，思考、探究、商讨。再次，点评总结。教师引导学生辩解争论，学生是评价修改的主人，教师适时辅以诱导、点拨，并形成定论。最后，教师进行总结，有理就肯定，有亮点就表扬。

家长评价对活动互动式作文教学也有着重要的意义。家长对评价自己孩子的习作很有兴趣。如果家长能够慢慢地客观公正地评价自己孩子的习作，有助于孩子树立学习的信心。每一篇习作有同学、家长、教师多人的评语和签名，那将是一份精神大餐，将是思想的交流与汇集，对学生来说则是一笔精神财富。

第四节　让学生在"玩"中学习写作文

在长期的高年级作文教学工作中，笔者发现许多学生对写作文不感兴趣，其原因就是整天在讲与写的循环过程中进行写作练习，缺乏练习写作的趣味性。为了改变这种现状，笔者根据小学生好玩的天性，设法让他们在"玩"中学习写作，"玩"出好作文，"玩"出真正的意义。于是，在近几年的教学过程中，笔者便进行多方面的尝试，最后探索总结出一套非常适合高年级学生写作练习的教学方法，也就是教师在"玩"中讲，让学生在"玩"中写，收到了事半功倍的教学效果。"玩"，就是一种活动互动方式。教师如何在"玩"中讲，学生如何在"玩"中乐于写作练习呢？笔者通过开展各种有趣的活动，把写作的知识融入"玩"的活动中去，让学生在有趣的"玩"中把活动的过程写下来，从而达到在"玩"中学习写作的目的。

一、在游戏中玩和互动

记得一位名人讲过："把学生喜闻乐见的游戏带进课堂，让玩激活学生观察、说话、思维和表达的潜能，是被实践证明了的，是让学生乐于作文的好办法。欢乐的游戏自然地吸引学生的注意力、专注的观察力、欢乐积极的心情，导致大脑思维兴奋，在课堂上和他们的习作上就能流淌出亲切、流畅、生动的儿童语言。"的确，玩是孩子的天性，只有让他们真玩，玩得开心，才会有新奇感、有兴趣、有激情。这样，他们在说话和习作的时候才不会害怕和恐惧。

如在教学生写《记一件有趣的事》这篇习作的时候，在课堂上，笔者安排了"贴鼻子"这个老掉牙的游戏让孩子们玩了近十分钟，然后留时间给学生思考、交流、写作、评议……在活动中，学生体会到课堂带给他们的是乐趣，而不是苦闷和困难。学生乐学，更乐写。这是因为学生体验到写作的快乐和成功的喜悦，这对激发学生的表达欲望，创设良好的写作心境，是大有益处的。学生玩过以后就写出了如此感人的文段："……最有趣的是男同学李理同学了，他被蒙住眼睛后，老师扶着他转了几圈，他说：'感觉已经分不清东西南北了。'只见他伸出'魔爪'顺着声音向同学们摸过来，幸亏老师在他的后面拉了他一把，才没有碰到课桌，他那样子看了让人觉得既好笑又可爱。同学们朝他喊叫着：'黑板在这边、黑板在这边……'好不容易才摸到黑板上'无鼻子人头'的位置，他想都没想，便把'鼻子'往上一贴。同学们又不禁哄堂大笑，那笑声把窗外树梢上歇着的鸟儿都惊跑了。这时，李理同学扯开眼睛上的黑布，自己也情不自禁地大笑起来，原来他把'鼻子'贴到'耳朵'位置的下面了。老师开玩笑说：'这只耳朵也被小李同学戴了个鼻型耳环啦！……'"

老师在"玩"中讲，学生在"玩"中写，"玩"了再写，学生就获得了比采用一般写作教学方法多得多的写作知识、写作技能和情感。

二、在大自然中玩和互动

活动是学生喜闻乐见的学习形式。让学生在活动中学习，在活动中积累，在活动中模仿写作，会收到意想不到的教学效果。

例如，有一次，笔者组织学生开展"找风"活动。笔者先选定一个有风的时段把学生带到离学校不远的烈士山公园，然后举例说："风呀，它在哪里？谁也看不见。你看，树梢轻轻地摆动，微风已从那里走过。"然后，让学生细心地去观察有哪些景物是在风的作用下发生变化，自己在哪儿找到风，再模仿老师讲授的模式写下来。学生写得挺有味道的。例如，有些学生便写出了这样的句子："风呀，它在哪里？谁也看不见。你看，小草正在摆动，微风已从那里走过。""风呀，它在哪里？谁也看不见。你看，'沙沙沙'树叶正在唱歌，微风已从那里走过。"……回想起出生时我们不会讲话，是一次次地跟着大人们说"爸""妈"……开始，到后来能用极速的思维去讲话，这都是"模仿"的结果，教学生写作文也是同样的道理。

三、在情境表演中玩和互动

"演戏"是习作的要求，从生活经历中选取一个生活片段作为写作题材，或者将与学生接近的生活场面引入课堂，用表演、讲述等形式活生生地展现在学生眼前，作为写作题材。

由于学生对生活的认识是模糊的，写作内容往往是三言两语，只有一二百字，不具体。学生写作不具体的主要原因是觉得没有材料可写。如写描写人物的文章时，人物的表情、动作、语言、服饰等总是怎么想也想不出来，又或者写起来总是千篇一律。要写具体，靠的是对生活细致入微的观察和体验。这种细腻的体验感，笔者就通过课堂"演戏"的教学方法来培养。这种方法确实能拨动学生的心弦，开拓学生的思路，挖掘学生的潜在思维。

例如，"闯红灯"是我们县城几所学校的学生都可能遇到的。写"一件××的事"时，很多学生都会以此为题材。教学时，笔者先安排一个生活场面——由一位学生扮演"我"，教师扮演交警叔叔和"爸爸"，一起演给大家看。"我"为什么闯红灯要交代一下，是上学快要迟到了呢，还是要赶乘汽车？当时马路上是怎样的情况？行人对自己闯红灯有没有反应？当时心里是怎么想的？受到了什么深刻的教训？这场"戏"引导学生顺着情感线索回忆当时的情景，逐步在学生头脑中再现一个个具体细节，这不仅要挖掘出学生埋藏在心里的话，更要引导学生说出真情实感。学生看完这场"戏"以后，就把"演"的过程写下来。这样，学生就不再会"巧妇难为无米之炊"，写出来的文章自然也就具体得多了。

四、在山水风景中玩和互动

把学生置身于山水之间，让学生游山玩水，"游"出花的芳香，"玩"出水的清静，"玩"出优美的文章。教学写景物描写的文章时，即使学生绞尽脑汁也难以写出几句感人的句子。最多也是凭借死记硬背把"优秀"文章中的几个"好词好句"（当然这是不能少的）牵强附会地堆砌进去。然而，这样"作"出来的"文"，与大自然中的实际景物总是相差太远。

为了让学生把景物写"活"，笔者把学生带到环山水绕、风景如画的东湖公园，指导他们用拟人、比喻等修辞手法写下自己观察到的各种景物。为了让静止的景物在小作者的笔下"活"起来，笔者要求学生把人物活动也写进去。这样，学生在与实际景物零距离接触的过程中，写出了较为生动形象的文段。有些学生是这样写的："……东湖公园周围有冼太夫人和烈士陵园，那里群山起伏，山上绿树成荫，又有花儿映衬，把东湖打扮得分外妖娆。不信吗？你瞧：那红的、白的、蓝的、黄的，还有叫不出颜色的野花，漫山遍野，红的如火，白的似雪，粉的像霞……使你眼花缭乱，应接不暇。成群的小蜜蜂在花丛中飞来飞去，忙着采蜜，蝴蝶扇动着美丽的翅膀在翩翩起舞。伶俐的小鸟在枝头上欢快地唱着动听的歌，给这寂静的山野带来了无限生机。还有那不被人注意的小草，密密地挤在一块儿，我不让你，你不让我的，像给锦绣湖的周围铺上了一张绿色的大地毯……"还能用比喻、拟人等修辞手法把锦绣湖的水和鱼写得活灵活现，加上把人物活动也写了进去，使人身临其境。例如，有的学生是这样写的："……东湖公园里的水清澈见底，碧绿碧绿的，像一面大镜子。池塘里有几条肥大的鱼瞪着圆溜溜的眼睛浮出水面，吐几个气泡，接着又钻进了水里，自由自在地游动。一阵微风吹来，刚才平得像一面镜子的水面，立刻泛起了鱼鳞般的波纹，在阳光的照耀下银光点点，水面像撒满了珍珠一样。湖边的钓鱼人不时地传来欢声笑语，原来是钓起了一条又一条的大鱼。鱼儿被钓出水面时把平静的湖面撕碎了，留下了一圈圈的波纹，向四周荡漾开去……"

寓知识性和趣味性于"玩"之中，在"玩"中学写作的教学方法，既巩固了已学过的写作知识，又达到触类旁通，举一反三的教学效果，也扩大了学生的写作知识面，进一步开拓了学生的智力，大大地激发了学生的写作兴趣。这样，学生就不会再停留在只有讲与写的枯燥无味的循环之中。这种教师在"玩"中讲，学生在"玩"中写的教学方法，收到了事半功倍的教学效果。

附：学生作文欣赏

难忘的美食节

六（1）班　刘文斌

2016年12月30日下午，我们学校举办了校园美食节，这个有趣的美食节使我很难忘记。

今天的校园是欢乐的海洋，今天的校园是沸腾的校园，今天的我们是幸福的天使，今天的心情是快乐的放飞。在校园内，处处洋溢着喜庆的气氛。

老师规定我们每个同学都要带自己的食物过来，因为食物和人多，所以在热闹的校园里到处有同学们忙碌的身影。各种美食琳琅满目，有香喷喷的鸡翅膀、甜滋滋的西瓜、酸甜可口的葡萄、美味可口的蛋糕……

活动开始了，大家一蹦三尺高，纷纷拿出自己的食物和同学们分享，我吃了很多东西，有炸鸡、猪脚、肉块以及各种样的水果。我吃得非常开心，由于是全校的活动，所以有许多其他班的同学来我们班"串门"。其中最有趣的是我们班做的烧烤，一大堆人围在那里等烧烤，其中有一些同学因为心急还没有等到烤熟就拿了，结果吃起来一半熟一半生，看着他们吃半生不熟的食物难受的样子，大家都哈哈大笑，热闹非凡。

我们吃过自己班的美食之后继续去其他班"串门"，个个摸着肚子笑着说："太饱了！"还有许多家长们也和我们一起分享了美食，大家都很开心。

这真是一个快乐而难忘的美食节啊！

吴川一日游

五（3）班　潘伟天

去年夏天，学校组织了一次旅游，去中国第一滩和吴川。最让我印象深刻的是山清水秀的吴川，那里的美景让人流连忘返。

周五上午八点多钟，天下起了雨。我背着小书包，书包里面装满了零食，心里装满了期待，兴奋极了。妈妈把我送到学校门口，看到同学们都兴高采烈地在等汽车。很快，车就来了。车门一打开，同学们争先恐后地冲上车，想着找一个能沿路看美景的好位置。在车上，同学们七嘴八舌地议论着，一路上都是我们的欢声笑语。

刚下车，我就听到导游介绍说："第一站是哈岭村，哈岭村是全国有名的文明村。"走进哈岭村，先看到绿草如茵，像一块很大的碧绿的地毯；四周的花草树木剪得整整齐齐，不远处有一个湖，湖面上有一座小桥，湖里长着一片片碧绿的荷叶，一阵风吹来，起伏的荷叶像碧浪一样；迎面而来的荷叶特有的清香让我心旷神怡。我们排着队沿着桥向湖中央走去，看见几朵粉红色的荷花点缀在荷叶丛中，有风的时候，荷花就会向我们点头含笑；以桥上往下看，清澈的水里游弋着几条小鱼，它们互相追逐着，像是在欢迎我们的到来。走过湖，就能看到前面有一座高高的哈岭水塔，像是一个永不倒下的战士，守护着哈岭村。我不由得赞叹，这村比公园还要美呀！

十几分钟后，我们来到哈岭村的状元坊，状元坊的门上有一块红色的匾，匾上写有"状元"两个字，金光闪闪。听老师说，清朝的时候这里出了一位状元林召棠。啊，吴川真是一个山清、水秀、人杰的好地方！

这一次的吴川一日游，让我终生难忘！

童年趣事

六（3）班 陈宗翔

无忧无虑的童年，已渐渐随着时光飞逝了。尽管我已读六年级了，却还是常常"飞"回往日那五彩缤纷的时光，回想那幸福而搞笑的童年，让人回味无穷……

记得小时候的一节活动课上，我和几个同学在操场所上玩"盲猫捉老鼠"的游戏。这次由我来扮演"盲猫"，其他几个同学扮演"老鼠"。游戏开始了，我像只无头苍蝇似的，东摸一下，西抓一把，急忙向有同学们叽叽声的方向扑过去，那些"老鼠"跑得太快了，结果让我扑了一个空，引得"老鼠"们哈哈大笑。"老鼠"们有的拍拍我的肩，有的拎拎我的耳朵，还有的在说："'盲猫'，我在这里呀！快来抓我吧！"这次，我没有刚开始时那么急了，我静静地总结经验，改变战术。我先侧耳听一下，通过"老鼠"们的脚步声、窃笑声和呼吸声确定了他们的大体位置，再凶猛地扑过去。这下"老鼠"们慌作一团，结果我一连抓了好几只"老鼠"。我高兴得连忙解开围巾，看到同学们个个笑得前仰后合，我也开心地笑了，因为这次我是用自己的机智勇敢战胜了他们。

这件事过去很久了，虽然那时的我年幼无知，但这件事一直鞭策着我，让我在遇到困难时，沉着冷静。它就像一枚五彩的贝壳，托起我五彩的童年。

我是节目主持人

五（2）班 谭越洋

一年一度的元旦合唱比赛在我们学校举行了。每个班级都在紧张地排练着，一直到比赛当天。可是，在我的班级最后一次排练里，却不见我的身影，我可没有偷懒。我也去排练了，不过我排练的是主持人。

比赛前一天，我和同学们正准备下去排练。突然，张老师走过来对我说："走吧，去彩排当主持人吧，稿子背好了吗？""啊，老师，不是只要读熟就行了吗？"我压着声音说。不过张老师已经听到了，她惊讶地说："从星期一到今天，我给了你三天的时间，你还不会背？今天晚上你不睡觉都要给我背好哦。""好的。"我急忙答应。不过，我给了老师一个惊喜，我晚上七点就已经背好了，还睡得好香呢！

第二天早上第三节课，张老师找我去排练。我认识了我的搭档，一位二年级的小男孩。我和他非常配合，获得了老师的赞美。中午，我趁着在家有空，赶紧又练了几次稿子，妈妈回来后，已经快2点了，妈妈赶紧帮我化妆。我穿上了租来的西装，爸爸说我是一个帅小伙子。来到学校里，我和我的搭档用默契的配合，自然的微笑和洪亮的声音博得了观众的赞美。从此以后，无论我走到学校的哪个角落，都会听到同学们的赞美，看到美慕的目光，我可开心啦。

感谢领导和老师给了我一个锻炼的机会。在以后的日子里，我会更加努力学习，让自己的主持越来越有风格。

第 五 章

小学高年级写作与阅读的
互动思考

　　阅读时和写作时的心理过程是不同的。阅读是先感知已有的文字材料，再对这些文字材料所体现的事物、道理等进行思索、消化，从而认识其体现的思想感情以及文章的写作技巧。而写作的心理过程则恰恰相反，它首先审视写作命题或提出的材料，以此来确定文章中心；继而依据中心来搜寻记忆库中的有关材料，然后对这些材料进行加工，去粗取精；最后，才考虑用相应的形式具体表述。其心理过程和阅读的心理过程是逆反方向发展的。但是，也正是写作与阅读这逆反方向发展的关系，决定了一个人的阅读能力和写作能力具有密不可分的关系，大量的、有益的阅读能大大提高学生写作水平。

第一节　阅读对写作能力的促进作用

学生不仅要阅读课本，还要阅读大量的课外书，以拓宽视野，增长知识，激发写作兴趣，开掘写作的源头活水，进而提高写作能力。古人云："读书破万卷，下笔如有神。""书读百遍，其义自见。"这些都强调了大量阅读的重要性。读书多，知识面广，思想就具有一定的深度，写起文章来就能得心应手。阅读对写作能力的促进作用主要表现在以下几个方面：

一、阅读激活主体意识与写作兴趣

为什么要写作？大多数学生对于这个问题的回答是：为了考试。仅仅把写作看成是一种应试的需要，而没有意识到写作乃是一种生活的需要、生命的需要。这种为应试而写作、为写作而写作的文章是肤浅的，学生写作能力的提高也是很有限的。众所周知，动机是行为的直接动力，是激励人们达到一定目的的内在原因，是个体行为的心理动因，动机水平的高低，决定个体活动的质量、水平和效果。一般来说，动机源于需要。需要的层次越高，个体活动的自觉性和积极性也越高。大量的课内外阅读，让学生对写作动机有了新的认识。为什么要写作？写作就是为了表达自己的某种思想、态度、情感或某些生活的感受，即把那些蕴藏于内心的东西借助语言文字发之于外。简言之，写作是为了真实地表达自己。因此，写作不仅仅是应试的需要，更是一种生活的需要，情感的需要。写作是心灵的低语，是最好的心灵交流方式，它可以让我们的情感得到宣泄。有了这样的认识、这样的需要，学生的写作兴趣、写作能力自然会提高。

当代中学生的生活阅历较浅，因而必须每天阅读，获取和贮存信息，形成一种知识势能，使胸中有成竹，把通过阅读获得的信息转化为创造能力，从而产生一吐为快的写作欲望。在苏轼的"大江东去浪淘尽"，曹操的"日月之行，若出其中"，杜甫的"会当凌绝顶，一览众山小"的感召下，触景生情时，对自己的理想怎会不有感而发，一吐为快呢？得意之时，怎能不发出"仰天长啸出门去，我辈岂是蓬蒿人"的欢呼呢？听到鲁迅对"人血馒头"的痛呼"沉默啊！沉默！不在沉默中爆发，就在沉默中死亡"，再看到、想到社会中那些麻木、冷漠的人们时，怎会不思如泉涌，一骂为快呢……于是自己与某些作品的作者产生共鸣时，写作也由"要我写"变为"我要写"。有时甚至欲罢不能，不写不舒服，不自在，真正成为自己精神发展的需要，成为自我生命的内在要求。这时的写作，将是充满趣味的创造活动，不再是痛苦的煎熬。因此可以说，大量的阅读触发了学生的主体意识，激发了学生的写作兴趣。

二、阅读积累和提供写作素材

俗话说："巧妇难为无米之炊。"只有积累一定的写作素材，才能下笔成章。写作素材来源于生活，也来源于阅读。学生在课外阅读中增长见识，提高鉴赏能力，陶冶高尚情操，获得文化的积淀。作品中的语言表述、人物和景物描写、材料安排等都会直接影响学生的习作。就连大文豪鲁迅先生说起自己的写作体会，也是这样强调的："文章应该怎样做，我说不出来，因为自己的作文，是由于多看和练习，此外并无心得或方法。"可见，读书多，知识面广，其写作空间也就大了。可以说，一个人知识面有多广，其写作空间就有多大，这是成正比的。

"熟读唐诗三百首，不会作诗也会吟。"古人学习写诗词，也是从读入手的。《红楼梦》中林黛玉教香菱写诗，不是大讲"写法"一类的东西，而是先让香菱读王摩诘（王维）的诗一百首，再读老杜（杜甫）诗一二百首，再读李青莲（李白）诗一二百首，"肚子里先有了这三个人的诗作底子"，然后再广泛涉猎其他诗人诗作。过了几个月，香菱就能写出"清新有趣"的诗。可见，阅读对写作大有益处。

作家秦牧说过："青年人记忆力最强，多背诵名篇，用起来就会左右逢源，俯拾皆是。"孔子读书"韦编三绝"；巴金小时候就把整部《古文观止》熟读成诵，烂熟于心；马克思写成《资本论》与他天天沉浸于图书馆，阅读大量的书籍是分不开的。许多作家以他们读书写作的实践告诉我们，多读多背对学好语文，特别是写好文章是多么的重要。

倘若学生能更多地、更广博地阅读书籍（最好能背些好文章），自然有更加深厚的文化知识积淀，那么何愁写作时会出现"无米之炊"呢？何愁写不出好文章呢？

三、阅读提升写作技巧与能力

教师在阅读教学中，所问最基本的问题是——文章写了什么？文章的材料是如何安排的？其结构如何？要求学生初读课文，把握文章写作信息，包括知识信息、情感信息、文化信息……这些信息储藏于大脑中，有助于以后的写作。现行语文课本的单元教学模式中作文教学的目标安排，就与本单元的阅读有关，笔者已注意到阅读与写作的联系，教师们也要很好地运用这种训练方法，在单元课文阅读教学过程中渗透作文教学："假如让我写，该写什么呢？该怎么写呢？"而每篇课文无形中成了一篇篇单元习作的范文。

大量美文的阅读，必然引起我们的思考和归纳，别人的文章为什么写得这么好？他们在内容组织上有什么特点？写作上有什么技巧？这样，我们就解得其中道理，嚼得其中滋味，悟得其中弦外之音，辨得其中真伪，最终习得其中写作技巧。

《白杨礼赞》的开头："白杨树实在是不平凡的，我赞美白杨树！"这一句不仅迅速入题，而且定下了全文的基调；《一件珍贵的衬衫》一文："在我的家里，珍藏着一件白色的衬衫。这不是一件普通的衬衫。"一开头就给人一个深刻难忘的印象。《散步》一文的开头："我们在田野散步：我，我的母亲，我的妻子和儿子。"可谓"正中其心"……这些文章写得好，是因为用了"开门见山"的写法，它的好处就在于一开头就能让读者把握文章的重心、基调及思路，紧扣中心。读了这些文章，我们便学会了"开门见山"的写作技巧。《林黛玉进贾府》中："我来迟了，不曾迎接远客。"真是"未见其人，先闻其声"。《羚羊木雕》里写妈妈的出场也甚为别致："那只羚羊哪儿去啦？妈妈突然问我。"责问声给我们留下了一个重财轻义、不理解子女的母亲形象……读了这些文章，我们便学会了"先声夺人"的写作技巧。同时，除了"开门见山""先声夺人"的写作技巧外，在大量的阅读和阅读教学中，学生还会了解并学到"伏笔""悬念""以小见大""欲扬先抑"等写作技巧。

大量的阅读，包括课内教师阅读教学，不仅激发了学生的写作兴趣，积累了素材，同时也提高了学生写作的技巧。可见，阅读对写作有着至关重要的促进作用。

第二节　阅读和写作互动机制

　　写作是一种创造性劳动，是学生有选择、综合、开拓性地运用语言文字来反映客观现实、表达自身情感的智力活动，是在思维活动的支配下进行的。小学作文教学是小学语文教学的重要组成部分，也是小学语文教学的难点。小学生作文主要以实用性作文练习为主，也包括多种形式的想象作文。在小学高年级作文教学过程中，多年的"教师命题—学生作文—教师批改—学生看分"教学模式，束缚了小学生的思维发展，同时也抑制了小学生写作文的兴趣。因而，总让学生觉得作文课很枯燥无味，也提不起兴趣。要改变此种现状，笔者认为很重要的一点就是：在课堂上充分发挥学生的主体作用，培养学生的创造性思维。教师应根据语文课改的新理念及教材特点、学生实际，力求建构积极学习的课堂，并体现出"阅读与写作的互动"的设计理念。

一、学会阅读

　　语文的学习是很难做到一蹴而就的，它是一个长期积累的过程，只有"厚积"，才能"薄发"。在教学实践中，我们发现，学生语言积累的缺失成了他们语文能力持续发展的"瓶颈"。要把作文知识的要点寓于训练之中。因此语言的积累是读写的训练重点，为了在教学中要学生重视语言积累，应鼓励学生养成积累语言的好习惯。

（一）阅读理解促进积累

　　读是阅读教学中的重要环节，读多、读熟才能加深理解课文内容，使课文的语言进入学生的心田，而只有在理解语言基础上的读，才会读有所值，读有所得。阅读教学中的语言积累要处理好阅读与理解两者的关系，让阅读、理解"两条腿"走路，让阅读能力、理解能力得到平衡发展，从而达到有效积累语言的目的。

例如：笔者在教学《丑小鸭》时，分为四步：让学生初读感受语境、细读感受情境、品读感受词味、美读感受情感。让学生反复读，在读中理解，在读中感悟。这样可激活学生对语言文字的感悟能力，同时也有利于学生积累语言。

（二）诵读记忆的积累

诵读记忆是积累语言的重要方法。小学生正处于储存语言的最佳时期，多背诵一些好词好句、好文章，有利于培养记忆能力，更有利于积累语言，提高自身的写作能力及语言表达能力。

因而，在课堂教学中，笔者十分注重背诵的指导，给学生充分的时间背诵，平时加强背诵的检查力度。让学生在不知不觉中就有更多的机会积极积累语言。

（三）品读促积累

《语文课程标准》指出："阅读是学生的个性化行为，应让学生在主动积极的思维和情感活动中，加深理解和体验，有所感悟和思考，受到情感熏陶，获得思想启迪，享受审美乐趣。"的确，语文教学，必须让学生走进文本，深入课文当中。

在教学《小马过河》时，让学生抓住"飞快地""连蹦带跳地"等词语，体会到小马认为能帮妈妈做事了，自己也非常地高兴的心情。再让学生细读小马妈妈的话，体会小马妈妈的心情，然后说说假如自己是小马，听了妈妈的话，会怎么做、怎么说。这样将读、品、议紧密结合，语言积累有机地渗透到阅读教学当中。

二、在阅读体验中获得知识

学生在阅读体验中，能联系自己的生活，凭借自己的情感、直觉、灵性等直接地、直观地感受、体味、领悟，去再认识、再发现、再创造，在获取知识的同时，也激发了创新思维。

（一）在朗读中体验

朗读是把无声的书面语言转化成有声的口头语言，它可以通过形象化的口语表达，把作品中的事件、意境、作者的情感有声有色地表达出来。朗读可以加深学生对语言文字的理解、感悟和体验。

如《我有一盒彩笔》这篇课文，表达了小作者热爱大自然、热爱和平的情感。学生通过反复朗读、重复诵读，深刻认识到了小作者那种热爱大自然的情感。

（二）在想象中体验

作文的翅膀是什么？是想象。学生如果在作文中展开合理的想象，就好比文章插上了飞翔的翅膀，使文章神采飞扬。哲学家康德认为："想象力是一个创造性的认识功能，它有本领，能从真正的自然界所呈供的素材里创造出另一个想象的世界。"因而，在教学中，我们可以运用生动形象的语言和各种直观的教学手段展现教学内容，把描述、分析和直观教具的使用结合起来，引导学生观察，开拓学生思路，激发学生想象。

例如：角色扮演、形象唤起、继接故事、生动比喻等。当然，教学中除了学生课本外，还可引导学生进行课外阅读，充分积累材料，为想象力的发展打下坚实的基础。

（三）在表演中体验

在阅读教学中，让学生即兴表演，是促进其对课文进行全身心感受的有效手段。正如曹禺所说，"学生参加演戏可以加深对课文的理解，演戏里的人，就必须理解他们的思想与感情，要具备活泼生动的想象力，也要有一定的表演能力"，"课本剧可以启发学生潜在的智力，使他们对听课、读书发生兴趣"。表演是在领悟文章内容的基础上，让学生将书面语言外化为表演语言的过程，可以让学生进一步感受文章的内涵。

三、指导课外阅读

一份优秀的课外读物的内容与风格首先应符合孩子的天性与审美趣味，对孩子的阅读能力、理解能力和写作能力及兴趣的培养有着举足轻重的积极影响。通过分享阅读感受和阅读灵感的方式使孩子们面对阅读不再浮躁、厌烦，能静下心来聆听"花开的声音"、惊喜地发现"每一朵花独特的美"，进而产生对阅读的兴趣与热情。

（一）"内外"结合

课内、课外之于语文教学，就好比飞机的双翼，缺一不可。只注重课内教学或孤立地组织课外阅读，必飞行无力。因此，要把课外阅读引入课内，做到"内引外联""内外衔接"。正确地定位课内外阅读的功能，有利于目标的制订、计划的实施，有助于充分发挥课内、课外阅读各自的功能，优势互补，使学生读得其所、读得有效。此外还要善于"内外衔接"，要把课内的学习与课外的广泛涉猎结合起来，把语文与日常生活、与身边的人事物联结起来，内外互补，相得益彰。

例如：教学《苹果落地》这课时，笔者让学生找找有关牛顿小时候发生的有趣的故事，让学生了解到了原来牛顿从小就是一个热爱科学、热爱大自然的孩子。

（二）学以致用，贵在坚持

在引导学生广泛阅读时，还需要求他们做好摘录，也就是"素材仓库"，勤于笔记，把阅读知识储存起来。让学生每日必读，一日一记，一周一背，爱不释卷，每有所得，就动笔墨。

不是所有的阳光都会"破门而入"，也不是开了门，阳光就能进来，一扇更适合孩子的"身高""体型"和"视力"的窗，就是属于他们自己的"阳光通道"。每一份优秀的课外读物都会让孩子们在阅读中，听见阳光落地的声音。

四、抒写真情实意

作文训练是通过调动大脑中的语言信息来激发大脑皮层细胞之间的信息回忆、交流筛选，从而达到巩固、运用语言的目的。作文更是高层次的积累语言过程。《语文课程标准》把"能具体明确、文从字顺地表述自己的意思，能根据日常生活需要，运用常见的表达方式写作"列为语文课程总目标之一。并强调指出："写作教学应贴近学生实际，让学生易于动笔，乐于表达，应引导学生关注现实，热爱生活，表达真情实感。""重视引导学生在自我修改和相互修改的过程中提高写作能力。"要求"能不拘形式地写下见闻、感受与想象，注意表现自己觉得新奇有趣的或印象最深、最受感动的内容"。小学生的语言尽管不成熟，但体现了他们的年龄特征和个性特点。让学生不拘形式地、自由地把自己的见闻和想象用个性化的语言表达出来，做到说真话、实话、心里话，形成自己的语言风格。

因此，教师在平时阅读和写作指导中要善于激发学生对生活的兴趣和关注，启迪学生做生活的有心人，留心发生在自己身上或周围的每一件事，注意观察生活中接触到的每一个人、每一处景、每一个物，并随时把它简单地记下来，积累起来，存在头脑或笔记本的"素材仓库"里。写作时，就可以到"素材仓库"中去选取"真材实料"。实践证明，以写促读，以读促写，无疑是读写教学的一个重要价值取向，其关键策略在于适时适度地进行随文练笔。当然，在阅读教学中，拓展习作训练应该以学情为第一依据，以文本为凭借，以丰富多彩的生活和大量的阅读背景为依托。

五、读写结合互动

我们要善于挖掘教材这个有利的资源，在阅读中找到与练笔的结合点，引导学生在品读佳作中悟情悟理，在练笔中发展思维，正确地表达思想感情。

（一）补白练写

在我们的教材当中，有许多地方是作者有意留出空间，让我们的学生去想象、揣摩。因此，在教学时，我们应从这些地方入手，鼓励学生大胆体验和想象感人的话语、精彩的场面、美好的情感等，然后再把自己的理解与想象表达出来。《丑小鸭》这课，当丑小鸭发现自己变成了美丽的白天鹅，笔者就让学生先说说如果自己是丑小鸭会怎么想？怎么做？让学生先小组讨论，然后在自己的本子上写写。这样在读中练写，在写中促读，让阅读与写作相互交融，使学生自然而然地表达出了自己的感情。

（二）插图续写

在教材当中，有许多插图是作者有意安排的，而这也是大多数文章思想感情的体现。我们就可以让学生仔细观察插图，然后根据自己的体会给图配上小诗或写上一段话。或者让学生展开丰富的想象，写出与课文不同的文章。例如：根据《穷人》一课的结尾，让学生续写《桑娜拉开帐子以后》；根据《卖火柴的小女孩》一课的结尾，让学生续写《卖火柴的小女孩来到了天堂》；等等。

六、写作促进阅读发展

写作对阅读起着不可替代的促进作用。离开了阅读，写作就成了无源之水、无本之木。反过来，写作对阅读也起着很大的导向作用。写多了，自然也就对所阅读的知识运用更加娴熟，同时也对阅读材料了解更加深刻，并且会影响对阅读材料的选择。教育心理学认为，学生的写作冲动，首先来自"听、说、读、观察、思考"，这些因素的萌发与形成，直接影响和决定着写作能力的萌发与形成。听、读、观察是对世界的感知，说与思考是表达的初始能力，这些都将通向并最终变成写作的能力。

（一）写作有助于学生语言能力的提高

写作有助于学生语言能力的提高。有了较强的语言能力之后，在进行阅读训练时，就能更好地把握文意，体会作者运用语言的妙处。语言是人的生命活动、心灵活动的表现，是心理结构的外化。把握了课文的语言，同时也就把握了课文的内容、中心或主题。若撇开语言，其内容的分析就没有了着落，甚至会人云亦云，不利于发展学生的语感与思维。应让学生进行写作时能充分调动自己的语言积累，并在不断修改的过程中使自己的语言更趋于成熟、精炼。学生在锤炼自己作文语言的同时，也使自己的语言能力得到进一步的加强。

这种对字、词、句的感悟实践，可提高学生对语言文字直接的、敏锐的感受能力，提高他们对文章的文旨、文脉、文风的感受力，提高他们对文章的感情倾向、感情色彩的感受力。在再次进行阅读时，就更容易从文章的语言中了解文章的内容及其运用特点，从而更能够体会出作者想要表达的一切。

（二）写作有助于思维能力的提高

从心理上来说，思维具有缜密性、敏捷性和清晰性的特质，而这"三性"都可以通过写作来培养。因此，在写作教学中，我们要训练学生运用多种方式思维，如横向思维、纵向思维、逆向思维等。这样在进行阅读时，就能够从不同的角度、不同的层面去思考问题，体会作者的用意。而且更值得注意的是，学生一旦对写作产生浓厚的兴趣后，便会自觉地去加强阅读，从而提高自己的阅读能力。《课程标准》中明确指出："语文是实践性很强的课程，应着重培养学生的语文实践能力，而培养这种能力的主要途径也应是语文实践，不宜刻意追求语文知识的系统和完整。语文又是母语教育课程，学习资源和实践机会无处不在，无时不有。因而，应该让学生更多地直接接触语文材料，在大量的语文实践中掌握运用语文的规律。"在阅读教学中，教师要有意引导学生通过应用巩固学习的成果，引导学生学习和体会作者的遣词造句、表情达意的方法，引导学生将阅读与写作结合起来，在习作中运用阅读中学到的知识，增强学生在各种场合学语文、用语文的意识，多方面提高学生的语文能力。

阅读与写作是相辅相成的，这就好比人的两条腿，缺了一条腿走路就要受到影响。文章是凝固的思想，阅读文章是心灵与心灵的碰撞，思想与思想的交流。如果没有亲身写作的实践作为基础，没有对文章的逻辑机制的真切了解，就无法破译文章中通往心灵的密码，那么，这种阅读也往往不可能心领神会，很多情况下则可能是人云亦云，偏听偏信。这也就是说，写作能将读者与作者之间的距离缩短，更能去体会作者的心情及其借助文章想要表达的思想等，更能引起其与作者的共鸣。

附：学生作文欣赏

幸福的味道

五（3）班　陈芷萱

白云的幸福是拥有蓝天，绿叶的幸福是拥有树木的衬托，鸟儿的幸福是拥有美妙的歌喉获得人类的赞美。而我的幸福是……

那一天，我和花园里的小伙伴玩得不亦乐乎。妈妈叫我回家，而我却没有回答，在花园里"捉小鱼""跳橡皮筋"，到了吃饭时间我还未回家，妈妈又叫了好几声，我还是没有回答。终于等到伙伴们都回家了，我才慢吞吞地走上楼梯。我轻轻地打开门，看到桌面上没有吃的了，一粒米也没有，便问："饭呢？"妈妈漫不经心地说："你回来得太晚了，饭我们都吃完了，如果你要吃自己去煮。"妈妈这么一说，我的头上仿佛在冒烟，我有些疑问地说："你们不会留给我啊？"妈妈什么也没说。

我回到房间，把门用力一关，"嘭"的一声关门声传到了客厅。在房间想啊想：妈妈怎么这样啊！我不就是玩疯了，晚一点儿回来而已嘛！多大点儿事，只不过是饭，不吃也罢。我安慰着自己。

心里莫名地有种陌生的感觉，油然而生。其实妈妈是担心我，才会这样的。可是妈妈也不应该连饭也不给我吃啊！我想来想去，始终觉得自己没有错，还对着布娃娃问自己有没有错呢。

这时，房门被轻轻地打开了。我转身一看妈妈拿着饭，眼眶和鼻子红红的，像刚刚哭过似的。妈妈把饭放在饭桌上便一声不吭地轻轻关上门走了。

饿了几个小时的我，拿起饭狼吞虎咽地吃了起来。这时我忽然想到妈妈，心里就莫名地有一股愧疚感从心里涌起来。其实妈妈骂我是为我好啊！而我却这样对待真是不应该啊！

一看时间已经晚上八点半了，心里的愧疚感更是越来越浓了。吃着吃着，我吃出了一种幸福的味道，这么晚了，妈妈还为我做饭，我怎么没有考虑过妈妈的感受呢？

我红着脸对妈妈说："对不起啊妈妈，都是我的错。"妈妈面对着我说："没事，妈妈知道了。"我和妈妈幸福地拥抱在一起。这才是幸福的味道。

仙人掌

六（1）班　周子涵

仙人掌是一种生命力十分顽强的热带植物。

盆栽的仙人掌，它百折不挠的性格让人十分吃惊，有水、无水、天热、天冷它都不在乎。仙人掌不管生长在什么地方都顽强地挺立着。在炎热久旱的酷夏里，其他盆栽都已经垂下了头，而仙人像勇士一样抬着头，眺望着那蓝蓝的天空；在寒冷刺骨的冬天里，别的盆栽都被主人捧回室内，可仙人掌却顶着风霜，不畏严寒，依旧直直地挺立着。它从来不讲究，一扎下根，就好像在说："这个地方真好，我就在这里生长吧！"这就是仙人掌顽强的生命力。仙人掌不畏酷暑，就算气温高达40摄氏度，它也能坚强地活下去，就这样日日月月经受着烈日的考验，快活地生长着。人也要有这种不屈不挠的精神，不论顺境还是逆境，都要以坚强的意志顽强地生存下去。

仙人掌也是一种好药，人们有病，它可以帮忙治疗，比如得了腮腺炎，只要将它压成酱，再敷在腮边，很快就可以被治愈。

仙人掌是一种非常平凡而又伟大的植物，虽然它没有多姿多彩的身躯，没有诱人的香味，但它不屈不挠、无私奉献的高贵品质多么让人敬佩！

明 灯

六（3）班 潘乾邦

在每个人心中都有一盏明灯，我也不例外，妈妈就是我心中的明灯，一直指引着我在正确的道路上不断地成长。

妈妈这盏明灯是在我痛苦之时，用来安慰的止痛药。记得有一次，我考试成绩非常差，我从来没有考过这么低的分数，这让我陷入了深深的痛苦与绝望之中。顿时，我不知应该怎么办了，不禁放声大哭，哭着哭着，突然，妈妈悄无声息地出现在我身边，慈祥地对我说："孩子，别灰心，一次考试考差没关系，找出原因，弄懂你做错的题，下次再尽力考好就是了。"听了妈妈的话，我想到自己怎么能为一点儿挫折就彻底失去信心了呢？想着想着，痛苦也就慢慢地消失了。我心想：我应该擦干眼泪，勇敢地面对事实，争取下次考出好成绩。

妈妈这盏明灯是在我失败时，用来鼓励我的成功之光。一次我学溜冰，由于多次摔倒失败，让我对学溜冰失去了信心，想放弃。这时，妈妈语重心长地对我说："人总是要经历过多次失败才会获得成功的。"我听了妈妈的话，顿时，又重新振作起来，鼓起勇气。果然，慢慢地，我经过多次的摔倒，终于成功了。我心里感到非常高兴。

这就是我心中的明灯——妈妈。这盏明灯一直指引着我走上正确的道路，并健康快乐地成长。

国 庆 感 怀

五（4）班 谢卓恒

今天是一年一度的国庆节，我怀着兴奋和激动的心情，和爸爸妈妈去游玩了森林公园。

一路上，车流川流不息，人流如织，我们有说有笑，很快就来到了森林公园。一进公园，我就看到这里人山人海，热闹非凡。我环视四周，感到满眼尽是绿色，尽是生机。树是绿的，草也是绿的，仿佛是进了一个由绿主宰的世界。路边的花儿也开得正旺，五颜六色的，在微风中向我招着手，好像在说："欢迎你！"顿时，我不禁感叹大自然的植物是如此美丽、生机。

这里不仅景色美丽，听说还可以观看许多动物。很快我们就来到动物区了。果然到处都是动物：威严的狮子、凶猛的老虎、狡猾的狐狸、美丽的孔雀、可爱的兔子、机灵的猴子……有趣极了！

　　我最喜欢的动物要算金丝猴了，浑身都是金色的短毛，一双水灵灵的大眼睛，一会儿爬到树上剥香蕉吃，一会儿又挠挠自己的后背，好像身上有虱子似的，可爱极了。当我观看完动物后，知晓了大自然的动物是多么的美妙、有趣。

　　这个国庆，我受益匪浅，感慨良深，因为我感受到了大自然的美，同时也在心里暗暗下定决心要好好保护大自然。

第三节　阅读和写作融合互动发展

目前，阅读教学中有一种不良倾向，即阅读教学与写作指导严重脱节，阅读教学单独成块，写作教学与综合性学习连在一起。其实，教材上的每一篇课文都是为写作服务的，阅读教学是写作的基础，写作既是阅读的延伸，也是对学生语言表达的训练，阅读教学和写作教学应当穿插渗透。我国古人就很重视读书，有"熟读唐诗三百首，不会作诗也会吟"之说，这句话就道破了阅读与写作的内在联系。我们在教学时，要将写作知识的感悟贯穿于课文的阅读教学之中，小到一词一句，大到文章主旨、表达方式和写作特点。让学生逐步积累丰富的语言和写作技巧，这比集中起来单纯地、枯燥地讲作文知识和写作技巧的效果要强得多。语文教材所选的文章都是一些极好的范文（包括各种文体），有一些是经典文章，在立意、选材、体裁安排、布局谋篇、遣词造句等方面，都可以说是学生写作的典范。因此，把课内阅读教学和写作教学进行穿插渗透，也是提高学生作文水平的一个重要方法。

一、明确目标，准确定位读写

在阅读中要善于捕捉写作特点和写作风格。语文课本依据小学这一阶段的特性编写，阅读和写作因为特性不同，被我们分成两大板块，但是从理论上讲，它们两个是不可以分开的。阅读可以提高写作能力，反之，写作也可以提高阅读能力。虽然在课本中没有对写作做出具体要求，但是教师应该依据教材中的课文引导学生理解在这些文章中的写作方法和写作技巧，关注每一篇文章的特色部分。

例如，在《富饶的西沙群岛》的学习中，教师要起到引导阅读的作用。在引导阅读时，重点突出和关注"一块块，一条条""绽开的花朵""分枝的鹿角""懒洋洋地蠕动""大龙虾全身披甲，划过来，划过去，样子挺威武"等词句。在描写鱼时，如果简单地说"各种各样、形态各异"，根本写不出鱼儿的漂亮，于是作者通过"头上长了一簇红缨""周身像插着好些扇子"来表达出鱼儿的多种多样，用"一半是水，一半是鱼"来突出鱼儿数量之多，这样，利用不太华丽的辞藻勾起人们对群岛的向往。

二、合理规划，开展读写训练

要想达到这样的目标，小学语文教师要根据计划有序开展读写训练。首先，要完全领悟语文课本中的内涵。其次，要在深刻领悟训练重点的基础上进行科学的规划。在小学一到六年级的课本中，每一章或者每一篇课文背后，都有专门的语文训练板块，每个单元里的课文，往往是把一些训练内容相似的文章放在一起，这就是为了对学生进行一个系统化的训练。而这其中有不少关于阅读能力和写作能力的训练，当然，在最开始的时候不能仅仅依靠课文的课后作业，为了打好根基，在完成以上任务的前提下，还要引导学生在看到一些意境优美的句子或者诗句时，能记录下来并且背诵。在课程开始前，布置阅读预习任务，在课后留一些课后任务，引导学生互相合作，共同完成。

三、指导仿写，进行读写融合

课本中的文章都有自己的写作特点，随便摘抄几句都是经典句子。对学生展开写作训练，应该从模仿开始，随着训练难度不断增强，完成质的飞跃。具体来说，就是摘抄文章中意境相对优美的段落，模仿这一段的表达形式，引导学生模仿写一写身边的事物，从身边的实物下笔，与生活结合，与阅读结合，学习写作。

四、分类阅读，进行模块训练

分类阅读，进行模块化写作训练是学生系统学习的实践策略。从教师的角度来看，在教学内容和教学过程中是引导学生进行系统性学习的教学方法，能让学生在短时间内掌握一种技巧，将零散的语文能力训练变成模块化有序有类别的综合语文训练。教师在教学中采用适当的模块教学方法，能让学生建立起自己的知识构架，从而提升学生的写作能力和阅读水平。

学生在教师的引导下，将阅读放在一起学习，一段时间内仅学习一种能力，能高效掌握相关知识。从一个段落开始，教师慢慢增加任务量，逐渐攻克学生学习中遇到的种种困难。

语文教材中同一个单元的文章几乎都是同类的，例如，部编版六年级上册第八单元就包含《少年闰土》《好的故事》《我的伯父鲁迅先生》《有的人——纪念鲁迅先生有感》几篇文章，通过学习，我们可以了解到鲁迅先生的生平，从鲁迅先生回忆少年时期的玩伴——闰土，到晚辈对鲁迅先生的回忆与纪念，让我们了解到鲁迅先生这一文坛巨匠的写作特点和不平凡的一生。同时，这几篇都是描写人物的文章，根据这一点，教师可以引导学生训练人物类文章的写作。在阅读以后，分析体会这类文章的特点和结构，可以先锻炼学生的口语表达能力，例如在课堂上积极发言，口头描述一下眼中的同学、家人或者朋友，再到书面上的训练，最后到完成一整篇作文的书写。

五、指导合作，做到共同提高

阅读是一个吸收的过程，在这个过程中，我们可以为写作积累更多更好的素材。写作具有表达的特点，能体现阅读的效果和水平。两者相结合就组成了一个完整的系统。那我们进行阅读时，文章中优美的语句或作者的表达方式，就会让我们产生心灵的碰撞。此时，我们可以将这些句子和运用的方法记录下来，并且去细细揣摩和学习作者的写作方法，也可以自己进行创作，在写作时融入自己的想法或者运用自己觉得好的一些语句。这样，学生写的时候就会感到如鱼得水。教师可以将学生的优秀作文进行朗读，或者是上传到网上让其他学生共同欣赏。同学们在欣赏中发现问题，并给予解决办法。这种集思广益的方法对我们的写作而言都是一笔财富，这样也可以让一些学生发现自己与其他同学的差距，从而取长补短，实现共同进步。

读和写虽然是两种不同的学习方式，但两者你中有我，我中有你。读写结合这一教学方法是当前流行且效率较高的方法，有助于学生提升语文素养，还能为其未来的语文学习打下根基。我们教师也要做有心人，在教读阅读课文时，应穿插渗透作文知识和写作技巧，让阅读教学和写作教学有机结合起来，以阅读指导写作，以写作促进阅读，激发学生的写作兴趣，提高学生的语言表达能力，从而提高学生的语文素养。

第 六 章

小学高年级互动作文教学
技巧与方法

　　写作是一种最基本的能力，它可以把我们想说的话以文章的形式记录下来，经过艺术化的加工以后，表达的思想更丰富有趣了。在立意方面，如果是给定标题的作文，可以直接依据关键词去立意；如果是材料作文，可以多角度解读命题者的出题意图，然后从中选择一个最为明显的角度去立意。在框架方面，要在动笔之前列一个大纲，知道这篇作文大致要写几段，每一段要写什么内容。在素材方面，学写作文要多背一些作文素材，古今中外名人事例都可以背诵，平时要多读书、多积累素材，留心观察还会发现生活中有很多质朴的、感动的瞬间。作文首尾段都是可以背诵的，有很多通用语段可以仿写。以上都是作文写作技巧，那么下面通过各种方式来具体呈现互动作文写作技巧。

第一节　"我敬佩的一个人"作文教学设计

一、基本情况

（一）要求

1. 了解人物特点以及人物特点具体表现在哪些方面。

2. 根据人物特点选择合适的方法。

3. 通过读、思、议、写等方法指导学生怎样写好人物特点。

（二）重点

指导学生怎样写好人物特点。

（三）难点

怎样运用适当的表现手法来写好人物特点。

（四）课时数

一课时。

（五）课前准备

1. 幻灯片若干张。

2. 每人一份刻有一好一差两篇文章的练习纸。

3. 原稿纸一张。

二、习作过程

（一）导入

同学们，今天我给大家上一节作文复习课，题目叫作（板书课题）抓住特点写具体。大家都知道，在小学阶段，无论是写人还是记事，写景还是状物，都必须做到抓住特点写具体，这样才能给读者留下深刻印象。但由于时间关

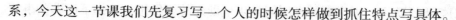

系，今天这一节课我们先复习写一个人的时候怎样做到抓住特点写具体。

（二）指导复习如何抓住人物的特点

1. 写人应该抓住人物的什么写具体呢？

板书：人物的特点

2. 什么叫人物特点？

3. 一个人的特点主要表现在什么方面呢？

板书：品质、性格、爱好、才干……

4. 现在进行一个练习，想想这几段话分别写了什么事，各反映了人物哪一方面的特点。

幻灯出示：

1. 牛顿在小学念书的时候，特别喜欢做手工。奶奶给他的零用钱，他总是攒起来买锯、买钉锤、买凿子，他整天忙着做手工，学习成绩不怎么好。

这段话写牛顿喜欢_____，表现了他_____方面的特点。

2. 亮亮又摇头又甩胳膊地哭起来，他哭了一会儿，用手揉着眼睛，断断续续地哼着，还不时地从手指缝里偷着看大家是不是注意他，他的目光从妈妈身上移到姐姐那儿，一会儿又移到我身上，看到大家都若无其事地各做各的事，也就不闹了，自己拉着小汽车玩去了。

这段话写亮亮的_____，反映了他_____方面的特点。

3. 为了整个班，为了整个潜伏部队，为了这次战斗的胜利，邱少云像千百斤巨石一般，趴在火堆里一动不动，烈火在他身上烧了半个多钟头才渐渐熄灭。这个伟大的战士，直到最后一息，也没挪动一寸地方，没发出一声呻吟。

这段话写邱少云_____，反映了他_____方面的特点。

交流、汇报。

5. 过渡：人物的特点是多方面的，我们作文时要从各方面去考虑，抓住一个人比较明显的某些特点，这样选择的范围就能扩大。

6. 人物的品质、性格等方面的特点都是通过什么事情反映出来的？

板书：代表性事情

7. 答得对，因此人们又把写人叫作记事表人。记事表人一般有哪两种方法？

生：一人一事。

板书：一人几事

幻灯出示练习：如果要写李明同学乐于助人的好思想，选择下面哪些事情比较恰当？为什么？

1. 李明主动担负起保管教室钥匙的任务，每天最早来，最晚走。

2. 小红春游时点心袋丢了，李明把自己带来的点心分一半给小红吃。

3. 同桌考试时作弊，李明发现后立刻报告老师，老师教育了那位同学。

交流、汇报。

8. 要把代表性事情写具体，应该抓住人物的哪几个方面来写？

板书：外貌、心理、语言、动作

三、评议与分析

（一）用读读、议议的方法，指导学生如何抓住特点写具体

小结：通过刚才的学习，大家都知道了写人必须抓住人物的特点，通过描写人物的外貌、语言、动作、心理等才能把代表性事物写具体。

（二）发两篇文章（一差一好），每个学生一份

题目：一位好阿姨

幻灯出示思考题：

1. 阅读两篇文章，分别用"_____""～～～～""（　）""_____""_ _ _"画出描写阿姨外貌、语言、心理、神态、动作的语句，并说说分别表现了人物的什么特点。

2. 这两篇文章哪一篇好，好在哪儿？

交流、汇报。

汇报后小结：好在能通过描写阿姨的外貌、语言、动作、心理、神态等去反映阿姨助人为乐的特点；反过来，好在能抓住阿姨助人为乐的特点，通过描写阿姨的外貌、语言、动作、心理、神态等写具体。

四、练笔安排

题目：她真是一位好老师

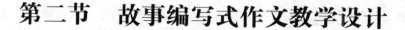

第二节　故事编写式作文教学设计

一、基本情况

（一）教学目标

1. 大胆想象，清楚完整地写一个故事。培养学生想象力、书面表达能力。

2. 懂得续写故事所表达的意思应与原文内容一致。

3. 故事内容具体，有故事情节。

4. 学习修改习作。

（二）教学重点

编写故事。

（三）教具准备

幻灯片。

二、教学安排

（一）教学目标

1. 大胆想象，清楚完整地写一个故事。培养学生想象力、书面表达能力。

2. 懂得续写故事所表达的意思应与原文内容一致。

3. 故事内容具体，有故事情节。

（二）教学重点

编写故事。

（三）教具准备

幻灯片。

（四）教学过程

1.故事引入，激发兴趣

师：同学们，还想听故事吗？

（课前见面时已讲一个小故事以增加学生的兴趣）

生：想……

师：好，如同学们所愿！老师要讲的故事刚刚已发到你们的手中，请同学们用最快的速度读完《神鸟》这则故事，要读明白在《神鸟》这个大故事里面包含了哪些小故事，并要读明白神鸟给可汗讲了一个什么故事，能做到吗？

（按要求，本课的编写故事其实就是课文《神鸟》的续编，由于情况特殊，学生在没能学习完课文的情况下只能将课文作为一个故事引入）

师：故事中你最感兴趣的是谁？你觉得他有怎样的性格特点？

生1：我喜欢可汗，因为他有同情心。

生2：我喜欢文中的狗，因为它忠诚。

师：为什么没人喜欢狗的主人？（如果没学生提出这个问题，老师再提出）

根据学生回答总结出狗的主人做事情前未进行细致的调查，以至于错杀了一条忠诚的狗。

老师总结：对呀，这些角色中有的富有同情心，有的忠诚，这些品质值得我们去学习。但狗的主人对事情缺乏细致的调查，错杀了一条好狗，这就告诉我们处理事情要认真细致，要不然就会伤害忠良，这可真是小故事包含大道理啊！

2.明确目标，选择材料

师：看来同学们都有了深深的感触，其实这个故事还没完，可汗并不甘心失败，他又一次折回北边的山林，再次抓到了神鸟，而神鸟又给可汗讲了一个故事，是什么故事呢？现在你们就是这只神鸟，你准备讲什么故事？这就是我们这节课的学习内容：编写故事（板书）。

师：编写故事要注意什么呢？请打开课本看一看习作讨论平台，谁愿意站起来读一读给大家听？（出示幻灯片1）

生读。

师：现在请你们按这个要求小组讨论一下，一会儿请同学谈谈自己的见解。

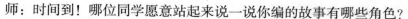

师：时间到！哪位同学愿意站起来说一说你编的故事有哪些角色？

生1：……

生2：……

生3：……

师：这些材料选得好不好？为什么？

老师小结：选材必须与原文意思一致，不能与课文内容脱离，如何做到与原文一致，不与课文内容脱离呢？

（出示幻灯片2并与开头故事联系简单讲解）

要点：

（1）歌颂小动物某一方面的品质。

（2）被主人误解错杀了。

3. 完成初稿，注意要点

师：现在请同学们拿起手中的笔，变身神鸟，把对可汗说的故事写下来吧。

展示学生习作，共同修改。总结出注意要点：（出示幻灯片3并简单板书）

（1）写故事时，要想好这个故事分为几个环节，每一步是什么？厘清文章顺序。

（2）写故事时每个人怎么说、怎么做、怎么想的要写出来。

（3）要把感人之处、令人同情之处写具体。

4. 布置作业

继续完善作文，下节课讲评。

三、我的想法

首先，习作是编写故事，不是续编故事。习作要求里面，那些前来捉神鸟的人，不单单指可汗，教师把角色定为可汗与神鸟，窄化了习作范围，不利于学生发挥丰富的想象力。就笔者对习作要求的理解，是可以继续写可汗与神鸟的，也可以写其他人——大臣、富翁。神鸟给国王讲动物的故事，可能会给大臣讲人类的故事，也可能给不孝顺（不诚信）的富翁讲关于孝顺（诚信）的故事，等等，范围很广的。但无论发生什么事情，都离不开"谁也没有捉到"这个结果。

其次，"选材必须与原文意思一致，不能与课文内容脱离，如何做到与原文一致，不与课文内容脱离呢？"

这个环节结合第2个教学目标"懂得续写故事所表达的意思应与原文内容一致"，很好。建议把这个内容的学习放在学生议论思考选材前进行，先明白注意事项，再思考讨论，可能效率会更高些。与原文一致主要是指神鸟的特点不能改变，国王、大臣、富翁都想捉，但最后谁也没捉到。

再次，选择的角色和表达的意思这两个方面，引导学生简单说，重点放在怎样围绕自己选定的角色和表达的意思上，把故事写清楚写完整。比如抓住故事情节，事情的起因、经过、结果，人物的语言神态动作，等等，可以联系课文中的小故事进行教学。

最后，课堂中先让学生说自己编的故事，再让学生编写其中一个小故事或一个小情节。然后集体反馈，选材是否恰当，写得是否具体完整，等等。

第三节 "写一处自然景观"习作导写教学设计

一、习作内容

围绕自己游览过或了解到的一处自然景观，写一篇习作。可以写著名的旅游景点，也可以写身边的景物，抓住景物独特的特点，运用列数字、打比方、做比较等方法把景物写得具体生动。希望通过你的习作，读者能够想象出画面，感受到大自然的奇妙。

二、学习者分析

六年级学生接触社会的面比以前广，接收的信息也更多，对景物的观察也比较仔细，通过词语的积累、写作手法的运用把所观察的景物写具体、生动需要教师的指导，教师可根据学生的描写，做有向指导，使学生的写作能力得到提高。

三、习作清单目标

1. 习作要抓住景物独特的特点。

2. 习作要运用列数字、打比方、做比较等方法把景物写具体、写生动。

3. 习作重点突出、主次分明。

四、习作分析

（一）教学重点

是否运用列数字、打比方、做比较等方法把景物写具体、写生动。

（二）教学难点

文章能重点突出、主次分明，能表达出想要表达的思想感情。

（三）课前准备

PPT。

五、教学流程

（一）启发谈话，导入主题

同学们，我们一起欣赏过水平如镜的西湖，也欣赏了清、净、绿的桂林山水。现在我们再来一起欣赏一下美景。（出示课件，教师配乐朗诵声，生边听边闭目想画面，思考：景美吗？美在哪儿？）今天我们也要写一写美的景观，齐读一下习作题目：写一处自然景观。

设计意图：让学生在互动的过程中，回忆美，感受美，激发学生的学习兴趣，启发学生思维，希望学生能在习作的过程中迸发出灵感。

（二）展习作内容，明确对象

今天我们就把你最喜欢的这一处自然景观用笔写出，让读到你文章的人都能想象出美丽的画面，感受到大自然的奇妙。（板书：写一处自然景观）

动笔之前，请告诉老师：你喜欢的这一处自然景观有什么独特之处？（指名回答）

今天我们的习作要运用列数字、打比方、做比较等方法把景物写具体、写生动。

选2名平时习作好的同学，指导他们把景物的特点说清楚、说具体。对其他学生起到示范的作用。

设计意图：让学生明确习作内容、习作要求，并给学生榜样示范，让学生明确方向。

（三）聚焦重点，制作清单

指导学生运用修辞和积累的词句：你能用什么方法把这一处自然景观的特点写具体、写形象吗？刚刚有提到（抓住景物独特的特点，运用列数字、打比方、做比较等方法把景物写具体、写生动）。

结合学生的回答，指导学生口头上运用这些方法把具体的句子表达生动形象。如果写桃林的美景，可以有如下指导：

1. 列数字：爸爸今年种的桃子比去年多收了好几吨，获得了大丰收。

2. 打比方：爸爸今年种的桃子像一张张笑脸挂在桃树上，欢庆大丰收。

3. 作比较：爸爸今年收获的桃子比以往任何一年都要多得多。

设计意图：让学生明确列数字、打比方、做比较在习作中的运用，这样能够让学生紧紧围绕习作要求，记住习作的重点方向，不同方式的运用也让文章有闪光点。

（四）扩展选材，小组互动交流

1. 同学们能把你喜欢的自然景观和它的独特之处告诉你的伙伴吗？请同桌之间分享一下。

2. 同桌之间分享了彼此喜欢的自然景观和它的独特之处，下面请同学们小组讨论一下你们想在作文中怎样运用打比方、列数字、做比较呢？请小组之间交换讨论。

3. 找一些同学代表和小组代表来分享交流的内容。

设计意图：让学生之间自主、合作、探究，同学们在一起讨论能碰撞出思维的火花。

（五）例文赏识，构思习作

春 雨

从小，我就很喜欢春雨。

你看，那透明的雨丝如牛毛，如千丝万缕的银丝，如迷迷茫茫的轻纱在天地间飘荡。一阵风吹来，把它吹得如烟、如雾、如尘。（打比方）

小雨滴洒落在窗前胭脂般娇嫩的花瓣上，不停地滚动着，聚集着。花瓣上便出现了成千上万颗闪烁着光彩的"宝石"。大的如宝石般晶莹透亮，欢蹦乱跳；小的细如尘烟，弥漫在空气之中，已形成了一道透明的水帘。

透过那雨帘，我看见马路上的行人撑起了五颜六色的雨伞，形成了雨幕中缓缓流动的彩虹，雨越下越大，地上湿的再也不是一个一个小圆点，而是一块一块的，继而又成了一大片一大片的水注……

每当这时，我不禁吟唱起一首诗："好雨知时节，当春乃发生。随风潜入夜，润物细无声。"

思路剖析：我们都经历过下雨，从雨中走过。但你是否细心观察过雨？本习作抓住春雨细、柔、凉等特点，通过细心观察，按照一定的顺序观察，运用了打比方、列数字、做比较等方法，把春雨的清新淡雅生动地描绘出来，语言自然清新，重点突出，主次分明。让人读后着实会感受到春雨润物细无声和雨中的独有情趣，表达了对春雨的热爱之情。

设计意图：给学生好的例文，让学生明确打比方、列数字、做比较等写作方法及方向，能够帮助学生写作。

（六）现场写作，巡视指导

下面是学生现场写作时间，看看哪些小作家完成得比较好呢？

教师巡视，遇到有问题的同学及时沟通，对不明确习作的同学做有向指导。

设计意图：现场写作，能集中学生的注意力，认真完成习作，教师在巡视过程中能快速发现学生问题，根据学生的不同差异，因材施教。

（七）展示写作，师生共评

有的同学已经完成了写作，谁能展示一下自己的作品呢？（找同学读作品）这位同学写得怎么样呢？谁有什么想法或是意见来点评一下？

教师总结。

设计意图：学生能在其他同学面前展示作品并得到肯定的话，对学生来说是很大的鼓励，通过生生互评、师生互评，把评价权还给学生，发挥学生的主观能动性。

（八）归纳小结，再次提升

同学们都有自己喜欢的自然景观，是啊！这么美的自然景观谁能不喜欢呢？谁能不为大自然的神奇而感到震惊呢！要想写好作文除了用一些写作方法，还要重点突出，结构分明，表达出自己的思想感情。如果有没有表达出感情的同学，请在结尾用一句话写下你最深的感受。（学生动笔书写，教师总结）今天进行了互动作文，请未完成任务的同学回家完成作文，完成的同学可以继续修改，下节课我们针对作文进行评改。

设计意图：归纳总结，指导学生如何表达思想感情，进而升华作文的主题，让学生回家继续完善，为下节课做铺垫。

第四节　小学高年级作文重点语段写作
——基于思维导图

对如今的小学生来说，作文就像是一座不可攀越的高山，一旦遇到，就无头绪，无章可循，可谓是剪不断，理还乱，别是一般滋味在心头。在课堂作文教学活动中，教师也陷入一种"高耗低效"的怪圈，如何才能让学生在写作过程中才思横溢，下笔如有神呢？这也是所有小学语文教师一直在苦苦探索的。思维导图的运用，便是一座通往写作天堂的桥梁。

一、作文教学的未来方向

学生的写作能力是语文素养的综合体现。写作教学应贴近学生实际，让学生易于动笔，乐于表达，应引导学生关注现实，热爱生活，积极向上，表达真情实感。教师在实际教学中，应该引导和帮助学生做到以下三点：

（一）在写作知识传授的基础上重视写作能力培养

不少教师在进行作文教学时，只强调学生要结合所给的范文来学习写作知识，并没有培养学生对生活的观察能力、想象能力和语言表达能力。所谓"世事洞明皆学问，人情练达即文章"，生活中一个又一个的小片段围绕一个中心可以练就成一篇好文章。因此，我们应引导学生去留心观察生活，用自己独特的眼光从不同的角度去品味生活的滋味。

（二）在指导学生模仿优秀文段的写作思路时引导学生进行创新写作

小学生由于受思维发展水平及阅历的限制，写作上的创新应该是基于原基础上的创新。常言道："纸上得来终觉浅，绝知此事要躬行。"小学生的生活经历毕竟是有限的，作为教师要有意识地为学生创造机会，丰富他们的生活，让学生以他们独特的视角及思考表达自己的内心世界和情感世界。

（三）在写作教学中重视并肯定学生的个性化写作

新课程标准旗帜鲜明地指出，在语文教学中应"积极倡导自主、合作、探究的学习方式"。学生，是处于发展中的个体，每个学生的心灵的感受都是千姿百态的，笔下的文字也应是丰富多彩的，教师不应抹杀学生天马行空的想象力，而应在保证学生主体性的基础上，让学生自由发散写作思维，这也是作文教学工作中的重点和难点，亟待我们去探索和发展。

二、思维导图在写作上的作用

在写作过程中，不论是语言还是思维等方面，教师都要辅助学生不断去完善，并尽量提升学生的语言综合运用能力。思维导图由世界著名教育学家、心理学家托尼·巴赞于20世纪70年代提出，作为一种简单有效的锻炼思维的工具，思维导图充分运用图文并茂的技巧，将各级主题的关系用相互隶属或相关的层级图表现出来，把主题关键词与图像、颜色和空间等建立起记忆链接。通过思维导图，教师可以对学生进行写作训练，能够帮助学生锻炼语言运用能力，培养学生的想象性思维。思维导图在小学作文教学中的作用体现在以下方面：

（一）提高课堂活动中师生的互动性，让学生在自主探究中开启写作的源泉

在借助思维导图进行写作的过程中，思维导图需要师生之间进行交流讨论，然后激发出学生在写作上的更多思路和想法。而在传统的作文教学中，一般都是教师先讲评学生写好作文，再上交教师进行阅读和批改，教师和学生之间基本上没有思想上的火花碰撞，学生在写作中受到了标准格式的束缚。而思维导图的形式恰好能够让学生成为课堂学习的主人，甚至在绘制思维导图的过程中，师生之间或生生之间可以"一决高下"。这种互动的过程将使课堂迸发出思维的火花，从而使学生写作的源泉绵绵不断。

（二）通过直观形象的图像发散学生的写作思维，提高学生的写作兴趣

对小学生来说，形象要远比语言更加容易记忆，思维导图在绘制过程中，需要穿插大量的关键词，教师可引导学生根据自己提炼的关键词，运用思维导图的形式进行想象扩展，然后根据想象的内容形成最佳的写作思路。学生经过对思维导图中内容的认真思考，自然会在大脑中以图画的形式更加直观形象地

呈现出写作架构，同时也促进学生的想象力。

三、思维导图在重点语段写作教学中的应用

思维导图的形式能够让学生成为课堂学习的主体，在课堂上增加师生之间的互动，进行思维方式的交流，活跃课堂气氛。那么，在小学作文重点语段写作的实际教学中，我们应该如何利用思维导图这种独特的思维工具呢？

（一）准备选材，提前收集、整合资源

写作之前，教师首先要提前收集、整合资源，为制作自己的写作导图做准备。教师先要告诉学生将要写的作文主题，然后可以给学生多角度的提示。例如与主题有关的时间、地点和人物等写作因素，帮学生把思路打开，并让学生在原有选材基础上再次思考自己的选材是否新颖感人。这个过程中，教师应起引导作用，但不能过多干涉学生的思维，否则会影响学生想象力的发挥。

（二）对重点语段的写作进行思维导图的绘制

在课堂上，当学生有了写作资源的准备，就要在教师的指导下进行思维导图的绘制，并完成重点语段的写作。下面，笔者以课堂上的具体实例来展现思维导图的绘制过程和写作的步骤。

1.运用思维导图的方式完善学生的写作思路

例如，有一个单元作文要求对景色进行描写，教师就可以利用思维导图的形式来开拓学生的思路，可以列举秋天这个季节，根据这个中心词语联系生活实际进行延伸。在重点语段的写作中，可以通过"秋天"这个词，引导学生联想到秋天的特点、秋天的代表颜色和秋天的象征意义等，教师可以让学生畅所欲言，说一说自己心中的秋天：秋天是一个金黄色的季节，有丰硕的果实，有金菊的芬芳气味，有翻腾的朦胧雾气，有被秋意染红的落叶，还有翩翩北来的候鸟。秋天是一个收获的季节，是成熟的象征，那碧天的云，蛮荒的山，被秋霜洗黄的野草俨然一位婀娜多姿的少女，在萧瑟的秋风中婆娑起舞……这些内容都可以在重点语段的写作中展现出来。教师可以让学生根据自己对秋天的体悟，将所想象到的画面，用关键词的形式写在自己的思维导图中。思维导图展现如下：

翻腾的雾气	碧天的云
染红的落叶	蛮荒的山
北来的候鸟	枯黄的草

秋天

收获的季节	婀娜多姿的少女
金黄的颜色	秋风中婆婆起舞
丰硕的果实	农民脸上丰收的喜悦

　　思维导图的展现，让学生在脑海中营造出一种画面感，当学生对秋天的特点有了更加明确的认识时，自然就能产生具体的写作思路，再加上自身对秋天的细心观察，学生会产生很多生活的感悟，自然就解决了学生在写作思路方面匮乏的问题，并且能让学生在互动中有效提高自己的写作积极性。

　　2. 运用思维导图的方式拓展学生的想象空间

　　在写作练习中，学生的思维来源于与生活实际的联系，运用思维导图的形式可以帮助学生进行想象空间的拓展。

　　比如作文要求题目为《我最敬佩的人》，在进行作文教学的过程中，教师可以先让学生之间互相交流，说一说自己最敬佩的人是谁，而这个人让你敬佩的原因是什么，具体做了什么事让你产生敬佩之情？从这个人身上，你又学到了什么？当学生在自己心里形成了对自己最敬佩的人的初步的轮廓时，便可以通过绘制思维导图，将人物形象更生动地呈现出来。例如选择的人物是"父亲"，那么先从父亲的外貌和性格方面开始描绘，可以抓住"魁梧、朴素、宽厚、严厉、勤俭"等词语进行概括，接着列举与父亲有关的事件，例如：在我感冒的时候，父亲给我送来一碗暖粥，眼里尽是关怀与呵护的目光；或者当我跌倒时，父亲总会用一双温暖的大手搀扶着我，把我拉起来，为我拍打灰尘；又或者当我犯错的时候，父亲并没有暴躁呵斥，而是循循善诱，给予我帮助与引导，用他那无声的爱吹拂我心灵的尘埃。作文的重点语段应写出父亲在生活中与"我"相处的一点一滴，写出自己对父亲的真心实意，将自己对父亲的敬佩之情利用思维导图表达出来。思维导图展现如下：

魁梧、朴素、宽厚、严厉、勤俭
跌倒搀扶、温暖大手
← 敬佩之前 →
感冒送粥、关怀呵护
犯错不怒、帮助引导
无声、深沉的爱

　　生活中的任何经历都是打开学生思维的一把钥匙，而思维导图的作用就是让这把钥匙变得更有光泽，让学生在写作的过程中思维更加活跃。因此，将思维导图运用到重点语段的写作当中，能让学生学会想象，并在想象中快乐地写作。当然，教师针对思维导图的绘制过程中容易犯的错误也要进行提醒，但要尽量保证学生的主体地位，以激发学生完成习作的主动性。

　　（三）让学生展现自己的思维导图，并引导学生以适当的方式指出他人作品的优点

　　思维导图完善的过程实际是思维不断碰撞、启发的过程。因而，当个人完成后，教师可以选代表到展台上展示思维导图，并由其他同学进行评议。有一点要注意，一定要引导学生往优点方向评议，否则学生不能很好地去发现、学习别人的优点。当然，在点评过程中，也可以让学生进行适当的修改和补充，将思维导图的内容补充得更完整。对学生作品中有创意的地方，教师应该鼓励，也应该引导其他学生去发现和学习。

　　诚然，在思维导图的教学运用中，教师要尊重学生主体地位，充分发挥学生的主体作用，利用思维导图，帮助学生逐步掌握把重点语段写具体的方法，培养学生的语言能力，挖掘学生的写作潜力，使学生的综合素质得以全面提高。当然，在具体的实施过程中，还有很多值得探究的地方，但笔者相信思维导图在写作教学中的应用必定能将原本死气沉沉的作文教学课堂变得活力四射。更重要的是，能使教师和学生真正进入一种互动的高效课堂的状态，从而促进小学高年级写作教学水平的提升。

附：学生作文欣赏

秋

六（3）班　黄芯彤

秋季是一个丰收的季节，同时也是一个凉爽的季节！

勤劳的农民早早就在生机勃勃的春天就播下了种子。这时的秋天也是他们最得意、最开心的时候。

田野里，农民伯伯脸上个个的挂满了开心的笑容。高粱涨红了脸，玉米脱下了绿色的外衣，正在晒太阳呢，水稻低着头像在说什么悄悄话，无边的大豆摇响铜铃……

果园里，苹果像一个个红彤彤的灯笼，香蕉黄澄澄的一片，石榴笑得咧开了嘴，橘子正在枝头你挤我碰……

公园里，一阵花香扑面而来，大人们也放下手机，欣赏着秋天，小朋友们你追我赶，开心地玩着游戏……

曾经有位诗人是这样描写秋天的：一年好景君须记，正是橙黄橘绿时。

我喜欢秋天，因为它象征着成熟，象征着美丽。

雨中音乐会

五（5）班　梁楚茵

"滴答滴答下雨啦，下吧下吧我要种瓜。"下雨了，小时候的我们经常唱起这首童谣。外面正下着小雨，我趴在窗前，期待着一场雨中音乐会的到来。

开始了，小雨点滴答滴答，哗啦哗啦地唱了起来。小雨点的歌声叫来许多动物，小动物们也迫不及待地大显身手了。青蛙呱呱地唱了起来，知了也不甘示弱，动物们都认为自己唱得最好，想突出自己的声音。小雨点大叫了一声："安静！"显然很不开心。小雨点说："朋友们，团结一致才是最强大的，你们不要一直突出自己的声音，你们看这样都不像音乐会了，反而像是在拳台上比较，我们大家一起再来一次好吗？"动物们纷纷点头，明白自己犯错误了。音乐会重新开始了，小雨点唱着歌，螳螂打着鼓，蝴蝶跳着舞，其他动物们也一起唱着，微风轻轻吹拂，小草扭动着腰肢，这是一首多么和谐的音乐啊！

这，就是雨中音乐会，你们喜欢吗？我们要爱护大自然，珍惜大自然，才能继续有雨中音乐会。

国庆感怀

六（2）班　张涵

60年，光辉岁月弹指挥间；60年，中华大地沧桑巨变。2018年，我们伟大的祖国迎来了她的60岁生日。

1949年，中华人民共和国成立了！饱经战争沧桑与落后苦难的中国人民终于重新站起来了！中国像一只巨龙一样，以一个大国的身份重新屹立于世界东方！

国庆总给人们带来喜庆，带来诗意，带来遐想，带来憧憬，更带来希望。而今年的秋天，非同一般，更不寻常。在这美好的季节里，共和国每一平方公里的热土都浸透着欢心与幸福，流淌着甜蜜与歌唱。14亿华夏儿女以豪迈激越的歌声放飞金色的理想与玫瑰色的憧憬，放飞坚如磐石的信念与伟大祖国赞美的诗行。

祖国，您如一叶希望之帆，从共和国开国大典的隆隆礼炮声中驶来；从神舟七号飞船遨游太空的喜讯中驶来；从城市改革振兴的蓝图和乡村富裕文明畅想曲中驶来。于是我听到春风吹进亿万扇幸福的门窗，听到了"春天的故事"响彻华夏大地。辽阔的海疆飞驶英雄的战艇，西部边陲又腾起冲天的火箭。漫漫半个多世纪的历程中有过辉煌，有过挫折。勤奋勇敢的中国人在三亿领导人和党中央的领导下，众志成城，排除万难，以极大的热情投入"振兴中华，壮我国威"的经济建设。

大　海

六（1）班　吴梓铭

海洋，巨大无比，美丽富饶。她总像母亲一样包容人类，把取之不尽的资源带给人类：渔业资源，海底石油，地热资源……可是，人类像不懂事的孩子，一直无理取闹，经常往海里扔垃圾，污染了海水，没有珍惜大海，体谅大海，让大海心痛。

有人曾做过一个实验，他把一盆清水比作大海，再把一滴墨水滴入"大海"中。顿时，墨水慢慢地散开、变浅、消失，"海水"几乎和原来一样干净；如果墨水一直不断滴下去，"海水"的颜色就会越来越深，最后变成一盆黑水。地球上60亿人口每天生产出大量生活废水和工业污染，就像墨水一样一直注入原本清澈的海水中，现在的大海已经快变成一潭污水，她发怒了，各种自然灾害接踵而至。

大海发怒了，她带来了威胁生物生命的酸雨。人类大量地燃烧煤等矿物，产生了大量的酸性气体，这些气体在高空中被雨雪冲刷、溶解，雨成为酸雨。酸雨下到地面和湖泊中，植物会被酸化，鱼、虾类受不了，就会纷纷灭绝。

大海发怒了，她带来了可怕的龙卷风。猛烈的龙卷风到过的地方，如屋顶等这类重的东西能像滑翔翼一样飞出几十公里外，若是较轻的碎片可能会飞出到300多千米才落地。它对建筑物的破坏相当严重，经常是毁灭性的，造成巨大的损失。

大海发怒了，她带来了令人闻风丧胆的海啸。2004年印度洋地震海啸现在回想起来还让人感到心惊胆战，这场灾难造成近30万人遇难，仅仅在印尼就有10万人死亡，无数家庭失去父母、兄弟与姐妹。一幕幕景，让所有人都感到悲痛。海啸发生后，这里尸横遍野，随处可见丧生的游客。从海滩望去，海边内陆的几公里的所有建筑物几乎全部被摧毁，残垣断壁有100多公里呢。

大海真的发怒了，而这所有的悲剧都是因为人类没有止境地破坏大海。我们应该要深切地反思了，应该要保护环境了，让大海母亲变回原来温柔的模样！

诚　实

六（3）班　李尚德

诚实是我们人最可贵的东西。妈妈从小就教我做人要诚实，不能欺骗别人。可我有一次却忘记了妈妈的警告，在一次考试犯了错。

那次是在一次数学考试。我一直都是班里的"数学天才"，所以数学考试对我来说完全就是小菜一碟。老师告诉大家这次的考试非常难，大家尽力去考就好。作为"数学天才"的我当然要考一百，虽然我数学好，但这次的题目很难，我也不能掉以轻心，要细心一点儿。

试卷发下来后，我飞快地看了一遍，这题目确实比平常的难，但我还是OK的。我做得很快，已经做到了最后一道题，可我的脑袋居然在这时短路了。我心想：这可怎么办？我要是拿不到一百分就不是"数学天才"了，要不我偷看一下同桌的，他的成绩和我不相上下，而且这种类型的题是他最擅长的，他肯定会做。于是，我飞快地在他的试卷上扫一眼，看到了答案，急忙抄下来。我自信满满地交了试卷。

　　这次我考了一百分，可试卷发下来后我才意识到我自己做错了，这是我不诚实的表现。我立刻去办公室和老师承认了错误，老师并没有生气，还原谅了我，并教导我：做人一定要诚实，不能欺骗别人，也不能欺骗自己。

　　我到现在还记得那一百分带给我的耻辱，希望我们大家不要骗人。有时候你骗了别人，也害了自己。

第 七 章

小学高年级作文教学的多元互动评价

习作教学多元互动评价，强调学生通过多元互动评价在习作教学中掌握并提升该有的习作水平。教师根据班级学生具体的学习情况对教学内容分析把握，选择适合于本班学生习作水平的教学内容，从习作教学内容中挖掘能激发学生趣味性的内容，以便能提升本班学生对习作内容的兴趣，使学生能产生好学乐学的心态。并且将评价融入教学过程中，不刻意进行评价检验，而是将评价与教学内容相互贯通，融入教学互动之中，让学生在习作教学中把评价当成教学互动过程的一个部分，成为习作教学中的正常环节，不造成学生的学习负担。

第一节 习作教学中多元互动评价的意义

一、增强学生互动性与趣味性

传统的习作教学评价主要以结果性评价为主，更多地关注学生最终所呈现出的成果，并且都是以教师评价学生为主。其评价从多元智能的角度出发是忽视学生的各方面智能发展的一种评价，忽略了学生在整个教学过程中的发展，忽略了学生是整个教学的主体。通过多元互动评价在习作教学中的运用，教师、学生与家长都成为评价主体，均参与到评价中，这样的评价所得到的结果更具有客观性、全面性与有效性。

在多元互动评价实践中，教师会根据具体的教学评价目标制订恰当的评价方式。其过程尤其注重学生主体地位，让学生参与到整个课堂中，教学过程与评价过程有机结合，强调学生之间的评价互动，从原先的被动学习变为主动学习。研究者发现在多元互动评价实施过程中，学生会主动询问下一堂习作课是什么内容？会让他们做什么练习？需要准备什么？学生在习作课前都露出兴奋激动的表情。学生通过全面参与课堂，学习兴趣得到提高，通过不同的评价方式，学生乐于参与评价，不再是害怕及厌烦习作课。在实施过程中，学生自我控制能力得到发展，成为真正学习的主人。教师更能从学生课堂参与度中全面了解学生在该阶段是否达到目标。

二、凸显学生习作能力全面性

在习作中，观察是基础，教会学生"写什么"，阅读是主线，教会学生"怎么写"，反思则是技巧，教会学生"如何改"。这三个方面构成一体，缺一不可。通过两轮研究，研究者发现在习作教学中开展多元互动评价让学生、教师都重视习作。教师运用恰当的评价去检验学生在习作中所掌握的知识，再根据评价检验所达到的程度，及时进行调整。以往的习作教学是学生听完教师单纯的"授课"后，按照例文仿写，最后进行简单评价，但习作教学开展多元互动评价后，教师对学生教学有了更为明确的教学目标。

在多元评价实施过程中，学生在日常教材单元写作中所运用的例子不再千篇一律，也不会照搬教师上课所举的例子，会善于运用自己日常所观察的例子作为自己作文的内容。相比之前的作文更生动形象，在描述时可以看出学生观察比之前要细致得多，不再是流水账式的文章；句子的表达也不再干瘪，使用日常的大白话，现在则会仔细推敲句子如何表达更符合自己所想的意思，并且注意句子结构与美感。学生的反思能力在这三个方面表现最为突出，可从以前和现在的作文本明显看出差异，以前的作文本除了教师的评分、日期或一点儿结束性评语，不再有任何的变动；而现在学生会认真修改，作文本上随处可见学生修改的痕迹。在教学过程中，采用激励性评价保持学生习作的兴趣，习作学习内容根据教学目标制订多维度评价，凸显评价全面，过程性评价与结果性评价结合，使学生在整个学习过程中，对自我有更深认识，帮助学生提升习作能力。

三、提升教师的专业能力

在习作教学中开展多元互动评价，需要对多元互动评价有整体、深入的理解分析，了解相关多元互动评价概念、理念以及操作策略等。教师通过前期理论研读以及吸收有效的策略应用于自身习作教学之中，以免在实施操作过程中产生不必要的问题。

多元互动评价模式下，教师需要不断反思，课前、课中、课后构成一体，认真设计教学内容及评价，掌握学生状态，通过不同的评价结果找出习作中存在的问题并找到解决的方案，在"实施—反思—实施—反思"不断循环的过程中检验提升。在这个过程中，教师会不断强化多元互动评价理念，逐渐提高教师的专业能力。

四、促进习作教学的优化

将多元互动评价运用到习作教学中，促进教师在其教学过程中探索发现新的教学方式，逐步提高教师的教学能力，通过学习促进教学，在教学中得到进步与发展。教师的发展与课堂的优质是有机统一的整体。教师在运用多元互动评价教学时，必定会转变传统的教学观念。

通过多元互动评价在习作教学过程中不断运用，不仅多元互动评价理论能得到检验、补充发展，展示其所具有的优越性，也能让教师及时改正自己的知识结构。在教学中通过哪些教学内容学生还未掌握，及时改变教学方式，增加或删减一定的教学内容让学生更清楚明白地掌握知识，让习作教学更完善，让教学目标得以实现。

第二节　转变评价主体，唤醒师生互动

传统习作批改的主体是教师，而且很多教师都是以精批细改的方式批改学生的习作，而在实践中精批细改的缺点渐渐显露出来。

首先，学生的主动性被压抑。任何教学活动都是师生共同参与、共同成长的过程。在这个过程中，学生并非处于被动接受的状态，相反，学生是学习的主人。建构主义学习理论认为，学生不是被动地接受刺激，而是主动地有选择性地对信息进行加工。学生是知识的主动建构者，而不是被灌输知识的对象。教师需要由知识的传授者逐渐转变为学生学习的帮助者和促进者。而精批细改压抑了学生的主动性，与此同时，师生双方在情感上也缺乏必要的沟通和交流，在思想上、情感上产生一定的隔膜，影响师生互动。教师单方面做出对学生作文的反馈，而教师接收不到学生的反馈，更加没有机会去了解学生写这篇文章的真正意图和想法。

其次，学生吸收少，批改效果差。教师精批细改之后，学生关注的是教师给了自己多少分，而对于教师煞费苦心写的评语只是随便看看，便合上作文本等待下一次的写作，没有对教师的要求和期望进行深入思考，教师的良苦用心往往付之东流。最重要的是，教师煞费苦心却事倍功半。精批细改往往让教师对学生的作文进行全面、细致的批改，从标点、错别字、病句、卷面，到审题、立意、结构、选材、中心、语言表达等都要进行批改。教师方方面面都要考虑和评价，工作量确实不小。教师煞费苦心，却收效甚微。全面批改，让学生一下子不知所措，学生真正吸收的少。就连叶圣陶老先生也说："我当过教师，改过学生的作文本不计其数，得到个深切的体会：徒劳无功。"但是，如今还有很多教师在这样重复做费心费力、事倍功半的事。

要唤醒师生互动，须要转变以往以教师为单一主体的作文批改方式。在批改主体中，不仅仅要有教师参与，还需要学生介入，以及师生在整个批改过程中的合作。只有积极探究转变作文批改的主体，才能进一步走进学生的内心深处，领悟学生，解读学生，感受学生，唤醒师生之间的互动。从而更好地指导学生，提高学生的写作能力。

一、以学生为主体

在主体性教学的理念越来越深入的今天，新课程强调"以学生为主体，教师为主导"，强调"语文教师要把作文批改的主动权让给学生"，并且强调学生要"养成修改自己作文的习惯"。应该看到学生既是写作文的主体，也是批改作文的主体。著名的语文教育家叶圣陶在谈到作文批改时说："'改'与'作'关系密切，'改'的优先权应该属于作文的本人，所以我想，作文教学要着重在培养学生改的能力。教师该如何引导和指点学生，使他们养成这种能力，是很值得共同研究的项目。"此外，叶先生还在《中学国文教师》里提及："不合逻辑不合文法的地方才给修改，其余都得留着，因为作文是学生拿出自己的东西来，只要合于逻辑与文法，你没有理由不许他们这样说，定要他们那样说。"可见，叶老是非常提倡在习作批改中以学生为主体的。

以学生为主体，主要包括学生自批自改和学生互批互改。学生自批自改或互批互改是学生在教师的指导下批改自己的习作，或者同伴之间互相批改。这在很大程度上减轻了教师的工作量。与此同时，这种方式一方面让学生成为批改自己作文的主人，有利于增强学生的自我意识，让学生重视写作过程。另一方面，让学生不仅学会修改的方法技巧，也在潜移默化中学会写作的方法和技巧，有利于提高学生的写作能力。同时也是学生重新发现、重新认识、重新体会、重新创造的过程。学生在第一次写作的时候没有发现的问题或者没有想好的构思等都可以在修改的过程中重新呈现。对于运用得好的部分，学生可以再次重复加强。因此这个过程既包括重新呈现，也包括熟练掌握。对于学生写作能力的提高是至关重要的。

学生自批自改是写作训练的重要组成部分。它不同于只是根据常识和现存的规则纠正文稿中的谬误，而是将修改置于写作教学的中心，是对写作过程的重新认识。一种思想与另一种思想交换，结果是两种思想的交汇。学生在互改作文之后，可以交流他们在写作时是如何挑选写作素材，构思写作框架，组织文字语言，以及调整文章布局的；也可以交流他们在批改同学的作文时阅读全篇的感受，思考的经过，以及给出具体修改意见和建议的原因。既可以总结自己学习到的正面的经验，也可以提出自己在修改中汲取的教训。在思维不断碰撞的过程中学习、借鉴其他同学的写作思路和写作方法，发现其他同学作文中的独特闪光点，与此同时，提高自己的鉴别能力和分析能力，找到给自己的启示之处。学生通过反复的批改、交流和训练，不仅能准确记住修改作文的基本要求，而且对这些要求的理解越来越深刻。在潜移默化之中取长补短，逐渐提升写作水平。

如何才能实现学生习作的自批自改或互批互改呢？一方面，须要转变教师的理念。将"替学生改作文"转变为"指导学生自己修改作文"。要做到理念的转变，教师要改变自己"独裁者"的身份。在这一前提下，教师要对学生充满信心，要相信学生的习作批改能力，也要相信自己的教学能力，相信经过指导和训练，学生自己修改作文的能力会逐渐提升。理念的转变不是一朝一夕的事，要慢慢渗透，慢慢改变。与此同时，还要注意避免教师主导地位的消失。学生自批自改，并不是完全放手让学生去做。作为教师，应该循序渐进地给学生指导和引导，教给他们修改、批改作文的方法，让其明确作文优劣的评判标准。对作文的修改与评改指导，也要分阶段地进行。千万不要因为学生"学会了"就高枕无忧，对学生的习作以及习作批改的过程置之不理。教师的主导地位必须贯穿始终，不可消失。这不仅是对学生负责，更是对教师本身作文教学质量负责。同时，也是新课标所倡导的"以教师为主导""以学生为主体"的新理念的体现。

另一方面，须要转变学生的理念。要让学生有自己修改作文的意识，首先要在"我要改"上下功夫。那么学生如何做到"我要改"呢？可以用名人故事激励学生，对学生会有启发和帮助。鲁迅先生关于修改文章有一句名言："写完后至少看两遍，竭力将可有可无的字、句、段删去，毫不可惜。"对"文不加点"的文坛佳话，鲁迅先生更是不屑。他对文章的修改不仅在作品发表之前，还在作品发表之后。朱熹在其后半生中花费大量心血反复修改"四书"中的注释，最终完成《四书章句集注》。据他自己说，对《论语》《孟子》"自三十岁便下功夫"，六十七八岁还"改犹未了"，前后经过"四十余年理会"。他在临终前还在修改《大学·诚意》的注释。名人的故事会让学生产生触动，从而鼓励他们去自批或者互批。

二、师生合作批改

以师生合作的方式批改习作，即学生在教师的指导下与教师配合一起修改习作。师生在合作批改中互相配合，互相促进，进一步形成师生互动。师生合作批改的前提是教师要指导学生学会如何批改，只有学生知道方法之后才能和教师一起进行批改。教师可以在一个比较长的周期内制订好训练计划，系统地教会学生如何修改习作，在一次又一次的实践中慢慢渗透并且逐步递进地教会学生掌握方法和要点。也可以在一个相对集中的时间段内进行强化训练。

无论怎么做，首先要考虑班级学生的写作水平和整体语文学习情况，集中强化训练对班级学生的语文水平要求比较高，写作毕竟不是突击就能成功的事情，写作贵在一点一滴的积累和提高，修改习作对学生写作水平的要求更高，当然更加不是一件能够速成的事情。短时间的强化训练只是能够让学生学会修改习作的基本方法，真正的"修改"能力还是需要慢慢地通过不断的训练和实践去提高。前期，学生先学习教师的批改符号，学习教师的批改方法，待学生对前两个步骤稍加熟悉之后，再试着结合自己的习作实际来感受教师的批改。引导学生进一步思考习作批改可以从哪些方面分析、评判。在这个过程中，教师要通过具体的学生习作进行具有针对性的指导。可以先将一份已经批改好的习作发给学生，和学生一起仔细分析这篇习作的批改理由，也可以和学生探讨这样写存在的不足之处。这样训练的目的并不是让学生一下子达到教师所具有的思维高度，对学生来说是不可能的，只是让学生在分析中掌握方法，在模仿中进步。

在师生合作批改中，最能提高师生互动水平的习作批改方式非面批莫属。所谓面批，即教师与学生面对面地通过口头的方式批改学生的习作。叶圣陶先生也曾指出"给学生改文，最有效的办法是面改"。以面批的方式批改，教师能近距离地接触学生，通过学生与教师之间面对面地交流，使学生更加清晰明确地接收到教师的建议、想法，也认识到自己习作中的优点和存在的不足，同时通过与教师沟通和交流，学生对自己习作的思路、层次、语言表达等具体情况有进一步的了解。面对面的交流，一方面可以将学生在习作中想要表达却未表达的情感充分和教师交流沟通，进一步加深师生之间的关系，增进师生情感的交流，促进师生互动；另一方面，教师也可以根据学生的想法和思路一边启发，一边引导学生自己修改。面批使学生获得指导的同时，也升华了师生之间的情感。面批还有利于因材施教的实施。对思路不清、结构混乱的学生，可以帮助学生一起理清写作思路，调整逻辑顺序，启发学生，与学生一起构思；对思想内容有严重错误的学生，可以在面批的时候与学生谈心、沟通，分析其出现问题的原因，帮助其改正错误，并且要提醒避免再犯类似的错误。对写作态度马虎，错别字较多，习作出现退步的学生，要认真、耐心地教育。对句子通顺、字词准确、标点运用自如，但是缺乏一定写作思路的学生，可以指导具体写作的方法。对写作基础比较好，但是缺乏一定创新精神的学生，在面批的时候，教师可以适当启发，扩展其写作思路。

面批与书面批改两种方式的配合也是需要我们思考的。对什么样的学生应该用书面批改的方式，什么样的学生应该用面批的方式，应该按照具体情况具体分析和处理。对写作基础比较差，例如错别字较多、标点运用模糊、句子结构混乱的学生，采用书面批改的方式更好。因为这些错误的地方在作文本上直接标示出来即可，直截了当，面批反而会遗漏一些内容。若是由于态度不端正出现这些问题，教师就要及时当面批评教育，找出原因帮助其改正，也要调动其积极性。而对写作基础比较好，错别字少，标点使用正确，句子比较通顺，也掌握一定的写作方法的学生，教师需要对其习作进行更高层次上的指导和建议，这类学生宜以面批为主。因为这类学生，作文表面上的错误不多，教师若在批语里笼统地指出其问题，学生可能难以听懂。当面批改可以语重心长地指出学生需要改进的地方，让学生再去修改。这样对学生来说，可以领会得更加透彻，修改起来也更加有效；对教师来说，也更加省时、省力、高效。对写作基础一般的学生，可以交替使用书面批改和当面批改。

第三节　突破评价内容，形成师生互动

一方面，教师在批改学生的习作时，往往没有一定的标准，多以自己的教学经验和主观感觉来评定，比较随意。这种随意性让学生往往摸不着头脑。学生不明白教师给低分或者给高分的原因，也就不知道自己的习作好在哪里，不好在哪里，影响师生互动的进行。从另一方面来说，教师往往过分关注学生习作的内容本身，而忽略学生在写作过程中的情感、态度、方法等。这种忽视过程性评价的方式也会阻碍师生互动的展开。因此，需要在批改内容上确定批改的标准，以及拓宽批改中的关注点，将情感、态度、方法等考虑进来。

一、确立批改的标准

首先需要思考的是"批改的标准"，那么批改的对象是什么？是单元测试、期中、期末等考试中的习作批改，还是日常习作训练中的习作批改？这两种批改标准是不一样的。进一步思考：这两者与小升初的作文评分标准有什么关系呢？

在调查中了解到，这也是很多小学高年级的语文教师思考和苦恼的问题。若把这三者都混为一谈，在形式和内容上达到了统一，但是却不利于写作教学的展开，这种一锅粥的现象也不利于师生互动的进行。若三者有所区分，那么该如何操作？笔者认为可以将考试中的习作批改与日常训练中的习作批改区别开来。前者可以适当借鉴小升初的作文评分标准，后者则要结合日常习作训练的目标和学生的实际写作情况来定。

在单元测试、期中、期末等考试中，可以适当参照小升初的作文评分标准。主要从内容、结构、语言、卷面等方面进行评定。评分标准从四个维度展开，并将习作分为五类。虽然从表格本身看比较清晰，但是真正操作起来各个类别之间的界限不明，且内容含糊不清。例如一、二、三类文的内容部分中：一类文的要求为主题明确，二类文的要求是主题较明确，三类文的要求是主题基本明确。明确—较明确—基本明确，比较难区分，教师操作起来非常困难，学生也会摸不着头脑；结构部分方面，二类文的要求为结构完整，三类文的要求为结构较合理。完整和合理不是一个层面上的问题，在这个评分标准中，"较合理"是"完整"的下一类别的标准。

除了适当参照小升初的习作批改标准外，不妨参照叶圣陶先生提出的两个不同层面上的标准："通"与"不通"；"好"与"不好"。一篇习作只有在达到"通"的前提下，才能有资格去评判"好"与"不好"。叶老提出的这两个层面上的标准，前者是后者的基础，两者的关系是紧密相连的。

叶老认为所谓的"通"即文章中的用词合适，篇章调顺。叶老指出，这里的"用词合适"是我们想要表达的意思和读者阅读到的意思一样，不会产生歧义，而并不是说用词十分准确完美，准确完美的词就属于"好"的要求了。"篇章调顺"即文章顺畅，结构清晰，并且能够表达作者的内心。所谓的"好"要满足两点，即诚实和精密。对"好"的条件则需要进一步解释。从字面上理解的"诚实"即真实地表达作者内心的情感、思想、感受等。此外，还有另一种"诚实"，即从旁描述的一类。比如有些小说写强盗，那就不能要求作者必须亲自体验过之后写出来的小说才算诚实，而没有体验过就不算诚实。这种从旁描述，需要作者对现实生活的细心观察和体悟。若没有之前的细心观察，全靠作者的想象，恐怕是写不到位的。当然"诚实"的要求更多的是对作者本身来说，因为读者是很难辨别出内容的诚实与否的。这就需要教师在日常的习作训练中对学生进行引导，要求学生在写作的过程中做到诚实。"好"的另外一个标准是"精密"，精密是与粗疏所相对的。精密需要作者从语言文字的表达和组织上下功夫。"文字里要有由写作者深见地发出的、亲切地感受到的意思情感，而写作时又不能漏失它们的本真，这才当得起'精密'二字。"而在日常的习作训练中，则可以以一种循序渐进的方式进行。

因为小升初的作文评分标准中的要求比较高，叶老提出的标准起初也是针对中学生的，因此要求也是比较高的。涉及的内容也相对全面，在内容、结构、语言表达等方面都有评分的标准和要求，而在日常的习作训练中则不必面面俱到，可以一个阶段一个阶段地练习，从而各个击破。在日常的习作批改中，教师可以先确定批改重点。

对多数语文教师来说，如何在学生出现的问题中找出批改的重点，是批改过程中的难点。因为在一次习作练习中，学生常常会出现许多问题，例如：中心不突出、条理不清晰、结构不完整、语言不通顺、字迹不工整等。作文批改不要面面俱到，要突出重点，有的放矢。如果面面俱到，学生不能一下子吸收和掌握，可能在接下去的写作中仍然出现之前出现过的问题，这样教师的批改效果就很差。所以每次批改都要明确目标，突出重点。

如何确定批改的重点呢？"指出问题，并非学生习作中所有的问题都指出来，而是要结合课标要求、教材编排和学生学情有的放矢。"正如李雪梅老师所言，习作批改的重点并不是随意设立的，而需要结合习作训练目标和学生的写作实际。

一方面，批改的重点需要与作文训练目标相对应。作文训练的目标要求是与教材的单元乃至学期、学年的作文教学计划相对应的，而作文教学计划是依据课程标准、年段目标、单元目标等制订的。要求学生在每次作文时训练一个点，教师批改这个点，让学生"一课一得"。课程标准、年段目标等本身就具有一定的阶段性、序列性和渐进性，按照此标准和目标制订的作文训练计划对学生习作的要求也具有一定的阶段性、序列性和渐进性。因为每次训练的知识点之间递进的关系，使学生最终形成一个知识链。也就是在批改前，教师要明确作文训练的目标，在这一前提下，进行重点批改和讲评主题。这不仅能让教师的作文讲评有条不紊地进行和展开，也能使学生的作文能力科学有效地逐步提升。例如一次作文练习的训练目标为锻炼学生对某些词句的运用情况，则教师在习作批改中重点要看学生是否掌握这些词句的用法。而对其他的问题如中心不够突出、条理不够清晰，教师则可以在今后的习作中指出或强调，在本次习作中只需要学生熟练掌握目标设定中的字词的用法即可，对教师而言，只需在这方面对学生进行指导以及在后续中督促学生进行习作的修改。

小学五年级的主题作文——《美丽的春天》，以下为学生A的习作以及教师的批改情况：

春天的金仓湖，如果要问我春天最美的景色在哪里，那么我就会不假思索地告诉你。在我的眼中，最美的春天就在金仓湖。金仓湖为什么美？那是因为每到春天，金仓湖就变得生机勃勃了，看：一进门，一股芳香的音韵〔"音韵"教师改为"氤氲"]便扑鼻而来，我向四周望了望，终于发现了那股芳香的源泉——那是一片盛开着花朵的草丛。我走上前去，仔细地观赏了一番。这些花朵有的含苞欲放，好似沉睡的精灵；有的刚刚开出几片花瓣，仿佛刚刚展开翅膀的鸟儿；还有的已经完全盛开了，就像睡醒了的孩子又变得活泼起来……[这句话教师画了波浪线，并在旁边打了五角星]在花丛间，几只较小的蜜蜂和蝴蝶在空中扑腾着他们的小翅膀，追逐着。这就好似几个年幼的孩子，正互相追逐打闹着。大有一种"你追我赶"的架式。在花丛旁，是一条静静流淌着的小溪。这条小溪清澈见底["清澈见底"一词教师画了波浪线]，水底的景色都可以看得一清二楚。看，几只大拇指那么大的小蝌蚪在水底灵活地游来游去[这半句话教师画了波浪线]，从远处看的话，真像几颗会移动的黑宝石块哩！蝌蚪游过的地方，还有几根藻类植物，它们随着水波摆动，好像突然间被注入了生命一般。[教师在此处批注：这些植物本来就有生命，老师明白你要表达的意思，试试换另一种说法。]在阳光的照耀下，河水显得十分耀眼，炫目夺人而又五彩斑斓。湖水真美啊！金仓湖真是个美丽的地方！[教师末尾写道：你能够将普普通通的景色写得美不胜收，很棒！如果能再多一些"打开五官"的内容会更好，继续加油！]

　　在与该教师的访谈中得知，本次习作训练的目标是让学生学会用"打开五官"的方法去写景物。学生A的这篇习作得了10+，是一篇优秀的习作。在这篇习作中，小作者的笔下有芬芳的氤氲（运用了鼻），有形态各异的花朵、色彩斑斓的河面、灵活的小蝌蚪（运用了眼），有静静流淌着的小溪（运用了耳）。小作者在"打开五官"这个练习中，还是做得非常好的，但是教师对于优秀的学生有更高的要求，在文章末尾的批语中教师要求该学生再多一些"打开五官"的内容，能呈现一些更加精彩与众不同的内容，在训练目标上对学生提出了更深层次的期望。此外，这篇文章的题目是春天的金仓湖，但是全篇只写了其中的一个花丛，并不是十分切合题目，写作材料的选择不够丰满。但是教师并没有指出这个问题，因为本次习作训练的目标并不是写作材料的选择和组织，而是"打开五官"的练习，教师只需要围绕这个训练目标评价学生的具体练习情况，这位教师是做得比较好的。

　　确立批改的重点，另一方面是结合学生的写作实际。在一定习作训练目标的指引下找出学生出现的具体问题，然后重点围绕学生所出现的问题，进行有针对性的指导。尤其需要注意的是，对作文的批改不能让学生丧失对写作的兴趣，这就要做到对不同年级的学生，批改重点和方向要有所区分。不能一味地详批细改，不然学生面对"满目疮痍""遍体鳞伤"的劳动成果，怎能提高自己的写作兴趣呢？对高年级的学生，要求应该要有所提高，不能仅仅局限于词句的准确使用，而应要求学生能对文章主次、篇章结构、段落承转、内容修饰等各方面作文知识和技能有所掌握，因此批改时需要注意对具体细节的批阅，做到批改不求全，而是有选择地批阅。教师根据学生不同的情况灵活处理，随机应变，最终要达到的效果是师生在这个过程中进行充分的互动，学生能在教师的启发下有所领悟，并进行相应的改进。

突出重点的批改优点是深入细致，对教师和学生来说都有所助益。学生每进行一次习作训练，便有一次或大或小的收获，学生可以在写作的某一方面得到较快的提高。而教师按照自己的习作训练目标有计划地进行突出重点的批改，对每次作文批改的内容了然于胸，使作文教学能够有条不紊地进行。

二、拓宽批改关注点

《语文课程标准》在对小学生写作评价的建议中特别强调：要"根据各学段的目标，综合考查学生作文水平发展的状况，应重视对写作的过程与方法、情感与态度的评价""重视对写作材料准备过程的评价""重视对作文修改的评价"。课程标准要求我们不要仅仅关注学生习作的内容本身，而是要更加关注学生的习作过程，关注过程中的方法、情感、态度。正如教育评价学家斯塔费尔比姆曾说的那样："评价最重要的意图不是为了证明，而是为了改进。"关注内容本身是为了证明学生本次习作完成的质量，而关注习作的过程、方法和呈现的情感、态度则是为了使学生在反思、鼓励中进一步完善、改进。

（一）关注过程与方法

教师在批改的时候，往往只以学生所呈现的习作，即学生写作过程的最后结果为出发点，对学生的习作进行"批"或"改"，而忽略了学生的写作过程。一篇成功的习作，教师要引导学生思考这篇习作为什么会写得这么好，怎么样才能写得这么好，能不能写得更好；一篇失败的习作，教师不仅要帮助学生一起发现问题，修正问题，更重要的是与学生一起探讨为什么会出现这些问题，这些问题出现的原因是之前哪个写作环节没有做到位。在修正问题之后，

160

更要和学生一起讨论交流如何在今后的写作中避免这些问题的产生。

无论是一篇成功的习作还是一篇失败的习作，教师都要引导学生去关注写作过程本身，这样学生进行的自我反思才可能是深刻的。如果只关注结果，而没有意识和关注到写作过程中可能存在的问题，那么在今后的写作中，学生可能还是会犯同样的错误，重蹈覆辙，停滞不前。

在习作批改中，"知识的讲解，方法的传授，也要突出动态的写作过程，而不是结论的传递，更不是贴标签式地下几个结论"。要关注写作的过程与写作方法，而不仅仅停留在结果本身。对写作过程和写作方法进行的深入剖析，能让学生更透彻地了解自己习作的优缺点。管建刚老师举过这样一个例子：老医生带徒弟，会告诉徒弟什么症状是什么病，并且告诉徒弟如何对症下药。"语文老师在作文教学上的专业能力表现之一，就在于他能够把作家在写作上那种模糊的'感觉'揪出来，化为一个个小学生能够接受的具体的例子。"语文老师也应该像老医生那样，分析肚子里藏着的语言"病例"，并把这些"病例"以合适的方式教给学生，最终让学生自己学会"诊断"。帮助学生一起去"揪"出这些感觉的同时，也要告诉学生这些"病"的特征以及教会学生如何去识别这些"病"，最终如何去对症下药。授人以鱼，不如授人以渔。

此外，教师还要在批改后续中教会学生积累。在习作批改中，教师不仅要指出学生的优点、不足，教给学生解决问题的方法，而且还要教会学生积累以及运用积累的方法。因为写作不是速食，而是一杯美酒，需要慢慢酝酿才会更加甘甜。提到积累，也许很多一线教师都胸有成竹，他们经常让学生抄写好词好句好段，也会要求学生背诵其中的一部分，有的老师甚至从一年级开始就让学生背诵美文。但是只有好词好句好段的"积累"太过狭窄，积累不仅仅包含这些内容。在内容上，学生生活中的喜怒哀乐、闲情逸事、时事新闻、奇思妙想、异想天开等都是积累的对象，教师要有意识地引导并且指导学生进行积累，在这个过程中要特别考虑到小学生的学习能力和自制能力，可以学习管建刚老师的做法：在一天学习结束后以简短的文字将当天发生的事情以及自己产生的想法记录下来。在形式上，表达方式、巧妙构思、阐述角度等也都是学生积累的对象。通过这样的积累，学生才会有妙笔生花的资本。

教师需要在写作的内容、形式等方面指导学生进行全面的积累，不要只仅仅停留在一个方面。光有积累还不够，就像造房子只有材料和图纸，但是不知道怎么砌砖、和水泥，还是造不出房子。有了一定的积累，教师还需要教会学生运用积累的方法。如这种表达方式在什么时候用比较好，这件事情可以从哪几个角度进行描述，有了这个奇妙的构思应该如何更好地整理文字等，都需要慢慢地去指导学生。当学生在运用积累有进步时，要及时鼓励表扬学生。在习作批改的过程中，教师也要及时指出来，让学生意识到自己在积累方面存在的具体的问题。

（二）关注情感与态度

在习作批改中，除了关注学生的写作过程和写作方法，教师更需要关注学生在写作时的情感与态度。学生的写作态度是否认真，写作习惯是否良好，内容中所体现的学生心理是否健康等，这些都需要教师及时关注。与此同时，学生也期望得到教师的发展性评价。教师要关注学生与过去相比是否有进步，要鼓励学生去激发自身的写作潜能，在今后的习作练习中扬长避短。

作为作文创新和反思的重要组成部分，"质疑"的能力也可以在习作批改中培养。教师应该围绕作文训练的目标针对性地设计问题，从而引发学生的质疑。例如：习作的段落安排合理吗？习作的背景符合逻辑吗？习作材料的选择合适吗？作者审题正确吗？尽管是优秀的习作，还有没有更好的表达？教师还可以就某个问题从两个不同的角度来组织学生进行辩论，促使学生从不同的角度来思考问题，从而逐渐养成思辨的习惯。学生不仅可以质疑自己的习作，还可以质疑其他同学的习作；不仅可以质疑写得一般的习作，也可以质疑优秀的习作，甚至可以质疑大作家的作品。质疑的目的在于培养学生的思维，提高学生的创新能力和思辨能力，从而提高学生的思想水平，使学生的习作日趋创新和深刻。

第四节　完善多样批语，促进师生互动

在小学高年级写作教学的多元互动评价中，教师的评语切忌千篇一律，也不要过于简单，应该尽量具有针对性，并且带有多样化特征。不管是批评还是表扬，亦或是鼓励，都要指出具体的内容，才能达到比较好的师生互动效果。

一、改变语言风格

在教师的批语中，语言风格对师生互动的影响是非常大的。严肃、枯燥、以批评为主的语言会让学生望而生畏，影响师生互动。而幽默风趣、以鼓励为主的语言风格，则会让学生对教师多一份亲近，促进师生互动。

（一）添一份幽默

宋代大教育家朱熹曾说："教人未见意趣，必不乐学。"苏联教育家斯维特洛夫亦曾说过："教育家最主要的、也是第一位的助手是幽默。"幽默的作用显而易见，幽默的评价，能给学生们营造一个轻松愉悦的环境，学生在这样的环境中能毫无尴尬地认识到自己存在的问题，并在笑声之中反省自己的不足，并对此印象深刻，不会再产生同样的错误。相反，若习作评语始终枯燥、刻板、模糊、抽象，则学生往往扫上一眼即合上作文簿，完全无法从中认识到自己本次作文中存在的不足和具备的优点，从而让评语失去它本应产生的指点、引导学生的功能。

某教师习作评价写道：要提高自己的语言素养，将句子再写得优美一些；注意自己的字迹，最起码让别人看清楚。这一定是一位兢兢业业、朴实勤奋的好教师，她对学生的指导也贴合学生的实际情况，非常实在。但是这样的话，略显枯燥乏味，学生可能并不愿意听，也许并不会触动学生的心灵，让学生真正地意识到这个问题，并且想下定决心去改正，这种老生常谈的问题学生听多

163

了都有一定的抵抗心理，对这些问题可能会"麻木不仁"。但是如果在这些话中添一份幽默，面对学生文采不佳的情况，可以说：好文章就像一位美人让人赏心悦目，但是成为美人可不是那么简单的事，腹有诗书气自华，要写出好文章也要不断积累，不断充实自己的阅读量；面对学生字迹潦草的情况，可以说：你把汉字宝宝们打扮得这么难看，它们可是会生气的。相信这样的话不仅会让学生耳目一新，也会让他们在哈哈一笑中去反思自己存在的不足。

（二）多一些鼓励

对于小学高年级的学生而言，写作仍然是语文学习中挑战性非常强的一部分。学生往往也因此对作文产生畏惧之情。而这显然不利于学生在写作时的发挥。因此在批阅作文的过程中，需要采取相应的措施来激发学生对写作的兴趣。

叶圣陶说过："批改不宜挑剔，要多鼓励，多指出优点。"苏霍姆林斯基也曾在《给教师的建议》一书中告诫我们："请记住，成功的欢乐是一种巨大的情绪力量，它可以增强儿童好好学习的愿望。请你注意，无论如何不要使这种内在的力量消失。缺少这种力量，教育上的任何巧妙措施都是无济于事的。"鼓励性的批语能够唤起学生内心对学习的兴趣和对写作的信心，就如德国著名教育家第斯多惠在《德国教师培养指南》一书中说的："教学艺术不在于传授，而在于激励、唤醒、鼓动。"试想，当学生打开自己的作文本，上面画的都是圈圈叉叉，都是对学生作文内容的否定，学生对写作的兴趣和信心还会十足吗？很显然，学生不仅会减轻对写作的兴趣和信心，而且还会增添对作文的恐惧感，从而恶性循环。而当学生发现自己原本以为并未很好发挥的作文居然还有很多优点能得到老师的认可时，放下心中的恐惧，学生会有更好的发挥和进步。因此，老师的批改应该以鼓励学生为主，尽量避免直接而严厉的批评。同时，老师要仔细寻找学生作文中的闪光之处，相信每个学生都有值得他人学习的地方。成功的喜悦让学生在今后的写作中，不再畏难，而是自信且主动地表达自己的想法。若学生作文中确实有一些需要着重改正的地方，最好用相对柔和的方式指出，让学生自己思考之后再加以改正。如此一来，学生便不会在表达之时缩手缩脚，因为担心老师的批评而畏首畏尾。

当然，也有人指出：在"赏识教育"盛行的今天，作文评语也大多倾向并且热衷于鼓励、表扬。但是我们也应看到，一味地表扬激励，常使学生们沉浸在喜悦的氛围中，容易导致部分学生产生心理优势，往往忽视或轻视了作文中暴露出来的缺点。

下文《乡下的油菜花》为B学生（六年级）的习作以及其教师的批改情况：

乡下的油菜花

春天到了，金黄的油菜花盛开了。一眼望去，那油菜花一望无际地盛开［教师画了波浪线］。在蓝天白云的映衬下，显得格外美丽动人；在阳光的照耀下，更加显得金光闪闪，令人沉浸在观赏之中。那一朵朵油菜花有的完全开放了，像一个个裂开的黄色柿子［教师画了波浪线］；有的只开了一半，像一朵朵手工制作的郁金香；还有的只是花骨朵，可是却透着一点黄色［教师画了波浪线］。看着看着，我仿佛看见了太阳公公的身上掉下了一些东西，让美丽的油菜花更加鲜艳动人。［教师在这段话旁写道：能将一种事物写具体，令人佩服！］

突然，一阵微风吹来，吹得油菜花"沙沙"作响，像在唱一首动听的歌谣；油菜花们在风儿的轻拂下，左右摇摆，像在翩翩起舞，清甜动人。"啾啾"是谁在叫呢？［教师画了波浪线］原来是两只小鸟在油菜花上休息，看来，是油菜花的美丽才将小鸟吸引过来的呀！看，一只黄蝴蝶正朝这飞来，应该是准备采蜜吧！我注视着那只黄蝴蝶，看它如何采蜜。可是，蝴蝶刚落在花上，就像隐形了一般［教师画了波浪线］，我怎么找也找不到了。［教师在这段话旁写道：动静结合，各种感官交织，真棒！］

我一步步走进油菜花田中，摘下了一小朵金光灿灿盛开［教师画了波浪线］的油菜花，用手轻轻抚摸，那花瓣就如同丝绸般一样柔滑［教师画了波浪线］，一样光鲜亮丽。再摸摸那青青的小花骨朵儿，感觉它非常青翠［教师画了波浪线］，可以轻轻一拉，那花苞就会粉身碎骨［教师画了波浪线］。［教师在旁写道：你的触觉非常敏感！］采下的油菜花拿到鼻子前轻轻一闻，就像花蜜一样甜，蛋糕一样香［教师画了波浪线，并在旁写道：比喻成蛋糕的香很生动。］，使我沉浸在这花海中，使我［教师去掉"使我"］无法自拔，竟情不自禁地欢呼起来。春光竟会这样地［错别字，应为"的"］美好，这样地饱满［错别字，应为"的"］，这样的烂漫［教师画了波浪线］。它把一冬天蕴藏的精神力量都释放出来了。让我们一起为这美丽的景色加上一臂之力吧！

［教师在最后的批语中写道：文章语言优美，段落之间的衔接巧妙，能将一样不起眼的景色写得如此美妙，让人沉浸，令人佩服！］

这篇习作的分数是95，是一篇非常优秀的习作。在短短几百字中，教师划出波浪线（认为该习作写得出彩）的部分有11处，在旁边写了夸赞评语4处，其中有两处出现了"令人佩服"的字眼。作为一名小学六年级的学生，此篇习作用词之优美，手法之多元，结构之清晰，整体之饱满，确实堪称佳作。但是也存在一些小问题：如第二段中对油菜花盛开时形态的比喻并不是十分恰当，有点儿生硬。在访谈中得知，此学生在写作上一直非常出色，其水平远远超过班上的一般同学。面对这种学生，如此高强度的表扬并非一件好事，这样也许会蒙蔽了学生去发现不足的眼睛，致使学生停滞不前。适度地表扬即可，更重要的是去指出其存在的问题，让学生能够不断地进步。不要一味地表扬称赞的说法有一定的道理，不同的学生性格和秉性迥然相异，针对不同的性格的学生施以不同评价方式。比如，对那些特别缺乏自信、特别内向、情感特别脆弱的学生，以和风细雨式的评语为佳，不宜直接加以严厉的批评和指责，然而对那些学习上特别要强、外向乐观、心理承受能力较好的同学而言，开门见山、直截了当地指出学生的不足之处可能亦颇为可取，而单纯地表扬反而会让学生满足于此，从而失去进步的动力。

二、转变情感角度

转变情感角度即教师在习作批改时，能够从学生的立场和角度出发去体会学生习作中的思想和情感。而不是作为一个高高在上的教师，一个单纯评判者的形象。教师应从与学生制造情感上的共鸣，以及尊重学生的真情实感两方面，与学生交流思想、情感，从而进一步促进师生互动。

（一）制造情感共鸣

评语不但是教师对学生作文内容的点评，其实也是一次师生之间良好的互动和沟通。在沟通之中，教师可以通过与学生共鸣的方式，拉近和学生之间的距离，从而让学生更加信任教师，也能间接地提高学生今后在习作学习中的积极性。

正如陶行知先生所言："我们必须会变成小孩子，才配做小孩子的先生。"要达到与学生共鸣的效果，批语宜采用探讨性或者启发性的批语。探讨性批语即教师以商量、探讨的口吻对学生的习作提出指导和建议。对学生在习作中出现的问题，除非是明显需要纠正的错误，其他情况下，教师一般不要轻易下结论，更不要以教师自己的思维来评判指正。"对学生独特的个体感受，教师要学会尊重和欣赏。最好不要对学生的文章自作主张地用我们成人的理解进行体无完肤式的修改。"应该多以朋友般探讨的口吻，站在平等的立场上与学生进行交流。制造共鸣最重要的是能和学生在某些问题、观点或认识上达成共识，如"老师小时候也去池塘抓过鱼，确实非常有趣"，或者如"你的文章让老师也意识到了节约粮食的重要性"，"你的语言非常细腻，把拔萝卜描写得活灵活现"，等等。如此一来，教师和学生便站在了同一立场，即便教师此时直接指出学生习作中的某些问题，学生也不会出现排斥的心理。启发性批语与探讨性批语有一定的相似之处：在发现学生所存在的问题之后，教师不是马上给学生下结论，把学生分别拉入已有的"语病库"，而是以商量的口吻对学生的习作提出指导建议。

但与探讨性批语相比，启发性批语通常用问号的形式引起学生的思考。启发性批语更耐人寻味，使学生作文的修改空间更大。如："这里最好写一写'我'的心里想法，你说对吗？""如果换万××这个词，会不会更好一些？""这句话太长了，用标点把它分开行吗？""你能不能修改一下结尾，使它显得更贴合这个地方的特点？"这样的评语既客观又尊重学生，也使学生在心理上更加容易接受教师的建议。

（二）尊重真情实感

小学高年级的学生，在写作上尚处于正式入轨的阶段，可塑性非常强。现在我们可以看到越来越多批判写作的文章，其中非常重要的一点便是批判学生的习作失去了真实。一方面，习作呈现出一派"祥和"的气氛：大家忙着去敬老院打扫卫生，扶老人过马路，为妈妈洗脚……以至于班上的习作出现了许多雷同的现象。另一方面，习作偏向功利化。教师喜欢什么样形式的句子，学生便写什么样形式的句子；什么样的习作会拿高分，学生便争相模仿那样的习作。至于自己的真实想法，已经很少有人表达，一切为了考试。造成这一怪状的因素有很多，但与教师在习作上的引导是分不开的。小学高年级学生的可塑性强，教师的责任也是重大的。教师要关注每个学生的写作情况，而不要以应试的标准来束缚学生，或者扭曲学生表达自己的真情实感。在新的《语文课程标准》中没有明确提出"有中心"，目的在于使学生能够更好地"无拘束地把自己所见所闻所思所感真实地写出来"。这一规定是为了鼓励学生释放天性，因此教师在批改时更要鼓励那些写出真情实感的学生。

大作家叶圣陶先生给未曾谋面的肖复兴同学的《一张画像》的评语令人叹服："这一篇作文写的全是具体事实，从具体事实中透露出对王老师的敬爱。肖复兴同学如果没有在这几件有关画画的事上深受感动，就不能写得这样亲切自然。"

肖复兴先生曾经在《那片绿绿的爬山虎》里提道"这则短短的评语，树立了我写作的信心。"这则小故事蕴含深意，有太多值得语文教师学习之处。叶老看出肖复兴在文章中对王老师的敬爱，朴素的评语却让一个学生由此树立了对写作的信心，燃烧起对写作的热情。

正如叶老所做的那样，教师要尊重学生和其习作，尊重学生的体验和感受，要从学生的角度出发，看到学生习作中的闪光之处，以平等的读者的姿态去评价学生，而非高高在上地以"独裁者"的形象对学生的习作做出评判。也许学生的习作并非那么出色，也许还存在很多基础性的错误，但是只要学生表达自己的真情实感，教师就要尊重学生，并且鼓励学生。心有所感总要抒发出来，写作就是一个作者内心情感和思考的表达过程，而这些情感和思考便是写作的源头。教师要用心呵护这些源头，不要轻易去伤害，这样才有利于教师和学生情感的互动与交流。

三、改进写作方法

通过写作方法上的一些改善，也可以进一步地促进师生互动。比如教师的批语本身要做到文质兼美，为学生做好榜样的同时，在师生互动中给学生传递了一种积极的正能量。而用第二人称写评语，则用一种最为直接的方式拉近了与学生之间的距离，使师生互动的进行更为顺畅。

（一）文质兼美做榜样

在作文课上，作文属于学生的作品，而教师对学生的批语，则恰恰是教师的作品。所以就像学生作文要遵守一定的要求，批语文字本身也应该达到一定的标准。试想，若教师写的批语字迹潦草、错字别字层出、语意不通，却对学生提出字迹工整、不要写错别字、语意通顺等要求，学生会服气吗？会认真遵守吗？语文教师只有坚守认真踏实的工作态度，不断加强自己的语文素养才能为学生做好榜样。具体而言，教师可以从以下几点出发，写出文质兼美的批语。

首先，书写工整美观。字迹清晰美观，这是教师常对学生提出的形式要求。字迹模糊的习作会让教师辨识困难，从而无法顺畅地阅读习作，也会影响对习作的评价。对此，教师自己也有必要以身作则，通过展示自己工整漂亮的评语，给学生树立榜样。做到一则评语犹如一幅精美的字画，使人赏心悦目。让学生明白字迹漂亮工整的重要性。

其次，文字要简明扼要，富有洞察力。作文毕竟是学生的习作，教师批语是为了总结学生的优点和缺点，没有必要用冗长的文字去评价，反客为主。如此便离不开教师敏锐的洞察力，需要有能力精准地识别学生作文的闪光点和问题，然后用短小精悍的句子表达出来，能让学生一眼即明白。

最后，内容要富有文采、新颖有趣。作文需要有文采，批语亦然。运用古人诗词、名人名言、精妙寓言、哲理故事、精彩比喻等，力求活泼新颖，引人入胜、个性化、不拘一格的评语，对学生而言，既是示范，更是有形的教育和无形的鞭策。而新颖有趣的评语让学生耳目一新，看过一次便牢记在心，自己时刻会想到自己有什么需要改正的缺点，如此，批语的作用便实现了。文质兼美的批语，一方面让学生便于阅读，能迅速理解教师所想表达的含义，促进师生互动顺利进行；另一方面，榜样的力量是无穷的，好的评语对学生而言也是一个很好的表率，能引导学生向教师学习，向教师看齐，使师生互动充满正能量。

（二）第二人称近距离

教师用第二人称来写评语，不失为一种积极的促进师生互动的形式。人际沟通中有一种"自己人"效应，就是对方将你与他归为同一种类型的人。对教师而言，要更多地寻找和学生的共同点，让学生视教师为"自己人"，使双方的感情不断融洽。对学生而言，"自己人"所说的话更具有可接受性，因此师生互动能够更加有效。教师作为学生习作的读者，和学生之间是一种平等的对话者的关系。在评语中用第二人称"你"，拉近了师生之间的距离，同时在师生之间也增添了几分亲和。

如著名特级教师贾志敏在评价学生的习作——《陪伴孤独的外婆》时这

样写道：

你在文中介绍了一件颇为感人的事情，提出了一个深刻的社会问题：那些曾经对社会做出过贡献的孤独老人，如今有谁去过问？有谁去关心？我读了这篇作文既受到教育又引起反省：我善待那些老人了吗？我为他们做了些什么？可见一篇好的习作除了可以表现作者的感想之外，还可以成为一种社会舆论。由它去唤醒人们的良知，由它去褒扬善良者的优秀品行，由它去批评那些不良行径或不道德行为。全文围绕四句话加以展开：外婆一个人住，十分孤独；放寒假了，我去陪伴孤独的外婆；在共同生活日子里，外婆喜形于色；要开学了，我离开时，外婆潜然泪下。线索清晰，条理分明，内容丰富，不失为难得的佳作。

贾老师的评语用词之讲究，语势之流畅，语言之风趣，简直就是一篇凝练生动的小散文。自然、亲切、散文式的语言是贾老师作文评语的一大特色。好的评语对学生而言，能达到"润物细无声"的效果。最重要的是，贾老师在评语中用第二人称"你"开始，一下子拉近了与学生之间的距离，像是一位兄长，一位朋友，一位陌生的读者，在阅读完习作后抒发的感受，亲切又令人倍感温馨。在这种评语中，学生更加容易接受教师的批评和建议。

第五节　创新批改方法，增强师生互动

"作后指导方法各异，但万变不离其宗，这'宗'就是儿童成长的自然规律，就是课标倡导的精神，就是课程的编排体系，就是教师的教学智慧。"正如李雪梅老师所言，批改作为作文指导的一个关键的环节，批改的方法也有很多，但是应该遵循课标的要求，遵循每个孩子的写作特点，遵循文章修改自身的规律。

一、重批轻改，多就少改

"重批轻改，多就少改"即尽量保持学生习作的原汁原味，保持儿童语言的童真。除了明显的字词标点等基础性的错误，尽量少改动学生的习作。而是从儿童的视角去感受学生文字中的精彩世界，尽量寻找学生习作中的闪光点。某些学生的习作满满都是教师批改的痕迹，教师不仅将基本的错别字等批改出来，而且还在学生的习作中增加一些细节，这种为学生"代劳"的批改，限制了学生的发展空间，反而不利于学生写作水平的提高。

高年级的小学生虽然已经是小学里的大哥哥大姐姐了，但是在写作方面，他们尚且像刚学会走路的孩子，难免跌跌撞撞，东倒西歪。因为他们驾驭文字的能力相对稚嫩，有时候甚至会跟不上他们自身的思想、情感和想象力的发展，致使他们在书面表达上会犯各种各样的错误，出现用词不当、逻辑不清、主题不明等问题。在这种情况下，教师需要为学生指出错误并进行一定的修改，但是不可对学生的习作进行体无完肤式的修改。就像不能要求一个走路尚且跌跌撞撞的孩子去学习跑步一样，这样揠苗助长的方式并不能有效提高学生的写作能力。另外，这个阶段的学生身心仍然处于儿童快速成长阶段，思想情感的起伏和思维方式的转换与成年人截然不同。教师应该细心体会学生的起伏变化，并且尊重理解学生的想法和感受。"学生的作文写的是孩子的想法、孩子的语言，字里行间充满了童趣、童乐，充满了天真和幼稚。他们的知识水平和生活阅历还非常有限，我们不能用成年人的眼光和语言习惯去看孩子的作文，更不能按成年人的标准去随意改动。"

有一位特级教师有过这样一段关于保留孩子童真语言的佳话。他的一个一年级的学生，曾经在作文中这样写道："有一位法国阿姨来校参观，法国阿姨她是个女的。"在一般成年人看来，后半句话是多余的，"阿姨"还有男的不成？相信很多教师遇到这种情况时会选择将后半句话删除。但是这位教师却认为，只要学生没有写那个法国阿姨是个男的，就不要对其进行修改。由此保留了一个稚童的稚语，多么高明的园丁，暖心又充满智慧。小学高年级的学生虽然在知识水平和生活阅历方面还十分有限，但已经具备了一定的逻辑思维和表达能力，出现如此稚语的可能性比较小，但依然还会出现很多充满童真的表达。有的教师在看到学生充满童趣的语言时，在旁边批注：真幼稚！试想学生看到这几个字时心里必定不会高兴，师生之间的情感会受到影响，进一步妨碍师生互动的进行。当然，"重批轻改"的对象不限于学生充满童真、童趣的语言。

"重批轻改，多就少改"的方法，能让师生互动在更深的层次中进行。

二、因材施教，因势利导

习作批改的最终目的是能让学生通过每次的习作训练得到提升，而且不同水平的学生都能基于他们原有的写作水平有所提高，有所收获，学有所得。这就需要对不同层次的学生施加不同的教育方法，因材施教，因势利导。

具体而言，对于质量较高的习作，教师要注意"批重于改"，不需要过多改善学生自己的表达，而是着重圈出学生写得很好的句子，并在边上加以称赞性的评注。一则通过积极的评价肯定学生，激发出学生对写作的兴趣，减少学生对写作本身的恐惧；二则通过指出学生值得赞扬的地方，让学生明白自己的优势在哪里，以后可以再接再厉，扬长避短。对质量稍差的习作，教师要注意"改重于批"，对学生不恰当的内容要进行修改，在原来的基础上进行改动和修饰，对习作中写得好的地方也要加以保留和肯定。尽量使学生能明晰自己的不足和缺点，从而引导学生往好的方向发展，在下次作文中能有好的表现。从每一个学生的具体实际出发，才是最负责任和最有效率的做法，每个学生也能从中得到长足的进步。教师对学生的评价往往存在一种思维定式，学生们一样的发挥，教师对以往表现优异的同学可能会评价更高，而对之前基础较为薄弱的学生则评价得比较消极，作文中亦是如此。比如，某学生某次写作实际上很生动，重点亦突出，就是有个别句子不通顺，但教师基于以往的印象可能不会发掘到该生此次的进步，而仍然评以"语句不通顺，重点不突出"的评语，这实际上对这类学生非常不公平。而基础好的学生，可能这一次文章语句错误很少，但是内容空洞乏味，但教师仍会评价"语言通顺，中心明确"，就让学生沾沾自喜，无所进取。

因此，教师在评价作文的时候，要落实到每一个学生的每一次习作，不能抱有偏见和思维惯性。更不能忙于应付，对不同学生的评价都趋于雷同。

三、间隔数天，再次修改

清代的唐彪提倡待心意虚平时自己修改文章，他认为"文章初脱稿时，弊病多不自觉，过数月后。其故何也？凡人作文，心思一时多不能遍到，过数月后，遗漏之意始能见及，故易改也。又当其时执着此意，即不能转改他意，异时心意虚平，无所执着，当日所作有未是处，俱能辨之，所以易改"。唐彪的习作批改的方式即所谓的"冷却法"，在习作完成后的一段时间内并不去修改习作，对习作进行"冷却"，待到一段时间以后再进行修改，较之于习作完成后立即去修改的方式，更能发现一些习作完成之后短时间内所不能察觉和判断的部分。可惜的是，唐彪的相隔一段时间后改文的主张，竟没有被如今的习作批改所借鉴。

笔者认为，没有被借鉴的原因很多，但是其中一点便是这种间隔数月之后再修改习作的方式，不仅会阻碍师生互动的顺利进行，而且在实际的日常作文教学中会大大降低教学效率。试想，学生写完一篇习作之后，要等个把月或者更长一段时间才能再次看到自己的习作并进行修改，长时间产生的距离感和陌生感，恐怕学生早就忘了自己曾经写过什么内容了，或者忘了自己当时写作时的感受了。而也许最近完成的印象尚且新鲜的某篇习作又要等到很久之后才能再次修改，如此恶性循环使得日常的习作教学根本无法顺利进行，在习作批改中的师生互动也会严重滞后甚至消失。但是，唐彪所提到的方式仍然给了我们很大的启发。唐彪认为文章刚写完的时候，一般来说，作者自我感觉良好，文章中的很多问题一下子看不出来，而过一段时间后再去看便会发现很多当初所察觉不了的问题。笔者理解这里所谓的"心意虚平"便是过了一段时间后，作者对自己写的文章有了一种旁观者的眼光，而所谓"当局者迷，旁观者清"，便会产生当时所没有的视角和收获。这种见解确实值得我们借鉴。若了解其精髓，掌握其要义，在此基础上适当做一些灵活的理解和处理，而不是原封不动地照搬其所言，仍然可以为我们今天的日常小学习作批改所用，并且能促进师生互动的进一步进行。具体而言，可以在时间和对象上做灵活处理。

　　从时间的角度上，唐彪提出的是"间隔数月"，而我们可以将时间缩短，变通为"间隔数天"。间隔数天之后，再次让学生自己去修改习作。而教师也可以在这段时间里认真批阅学生的习作，了解学生的写作情况，而不是为了急匆匆完成习作批改的任务匆忙应对，无形中给了教师更多的时间。教师也能把更多的时间放在关注更多的学生个体上，从而为师生互动打下基础。熟知作文批改的朱自清先生就说过，"一次要改去许多毛病，势必做不到"。作文是一项相当复杂的活动，每次作文批改只能相对地"治疗"一部分毛病。因此，可以在学生写完习作之后的短时间内修改一次，再过一段时间再修改一次或多次，做到即时修改与延时修改的有机结合。这种处理虽然在表面上显得有点儿浪费时间，笔者在自己的教学实践中也和许多一线语文教师讨论了这种方法，他们认为根本没有那么多的时间花在一篇习作的修改上，若这样做便会影响整体学期作文教学计划的进行。但是，习作训练不在于数量，若能通过一篇习作的训练让学生真正提高和成长，那么减慢进度又如何？作文教学的根本目标是提高学生的写作水平，而不只是完成教学任务。在对象的角度上，可以是全班学生的习作指导，也可以是个别优秀习作的指导。

　　个别优秀的习作想要去参加比赛或者发表，在修改了几遍之后仍然不太满意但是又不知道怎么修改，此时教师和学生都处于停滞不前的状态。在这种情况下，可以采用暂时的"冷却"，间隔数天之后再次修改，也许会有柳暗花明又一村的感叹。

第六节　充实批改后续，延续师生互动

习作批改之后，教师的主要工作是归纳、总结和反思，为讲评做好准备，同时，学生也可以写批改后记以及进行二次练笔。使师生互动并没有因批改的结束而结束，在批改的后续中使师生互动更加充实。

一、批改后记：反思与交流

习作批改，其重要的意义并不仅仅在于批改过程本身，还在于——通过批改这个过程，教师能掌握学生的写作情况和反思自身的教学情况，从而为今后的针对性辅导做准备；而学生则通过意识到本次习作的优势和不足，在今后的习作训练中扬长避短。因此，批改之后，师生都需要对该次习作训练进行总结，整理并归纳出成功与失败的经验，以便为今后提供借鉴。具体而言，教师和学生总结和反思的内容都各有侧重。对教师而言，教师的教学过程其实就是一个不断积累教学材料和教学经验的过程，只有有了足够的积累，教师才能对不同类型、不同水平的学生进行有针对性的指导，因此习作批改中积累的材料是每个语文教师极其珍贵的教学资源。长期充足的材料积攒，能让教师在接下来的作文教学和讲评中明确重点，有的放矢，准确地评价学生的作文水平和风格，也能有针对性地进行单独的指导。同时，在教师掌握大量的教学实践第一手材料的前提下，也可以为教师开展本学科的教学研究提供丰富的素材，促进教师由传授型向反思型、研究型、学者型转变，为教师的专业成长和发展奠定基础。

事实上，每一位教师的成功都离不开教学中点点滴滴的积累，收集教学案例，整理教学材料，总结教学经验，升华教学理论，发表教学成果，这些来源于日常教学中的细水长流，从涓涓细流汇聚成江河湖海。对学生而言，对批改之后自己习作的整理和总结则更为重要。因为写作的目的之一就是锻炼自己的语言组织和表达能力，而单凭写作本身并不能完全达到这一目的，因此需要有教师的指点和教育。而习作批改便是教师对学生作文的一个很好的指点过程，通过批改，反映出学生作文的优劣之处，学生需要及时消化教师的评阅内容，结合教师的讲评，能"择己不善而改之，择己善者而从之"，扬长避短，对自己不足之处加以改正和强化，从而发挥出自己在作文中最大的优势。因此，善于整理和总结，对学生作文功力的提升，无疑具有非常重要的意义。

（一）学生的"批改后记"

为了巩固习作批改的效果，教师可以让学生坚持写"批改后记"。学生的"批改后记"就是学生在教师的指导下，结合习作批改以及习作讲评，总结本次习作中自己的得与失，并记录下自己的独特感受，真正化为自己所有。"这样既可以让学生留下那些稍纵即逝的思想火花，对写作活动的真情体验，又可以反映学生的反思和体悟，体现学生对知识的消化和吸收。"

学生写"批改后记"时，也可以对教师的批语提出质疑。因为教师和学生之间的年龄、背景、经历等的不同，很多教师并不能完全理解学生在习作中所呈现的真实想法，因此给出的评语也许是不恰当的，甚至是存在误解的。而以"批改后记"的形式，学生可以对教师的批语进行质疑，给了学生一个表达自我真实想法的机会，让学生能进一步与教师进行情感上的沟通交流，也让教师更加明确地了解学生的想法和状态，有利于促进师生互动，同时，教师也能为学生提供更加有针对性的指导和帮助。坚持写"批改后记"还有利于学生自评能力的提高。由于多数教师的"不肯放手"，学生很少有机会能对自己的习作进行自我评价。由此导致的结果是学生依赖于教师的批改来评价自己习作的优劣，而缺失了自我评价的能力，这对学生写作水平的提高以及语文素养的发展都是不利的。学生不能永远依赖教师的劳动。通过写"批改后记"，能够让学生有机会进行自我评价，在教师的指导下对自己习作的好坏进行剖析。对学生提高自我评价能力是一种很好的锻炼方式。在每次的"批改后记"中，学生不必谈习作中出现的所有问题，而只需针对其中的一个或两个问题进行反思与总结，教师要指导学生学会重点把握，因此篇幅不必太长。

"批改后记"的内容，既可以是对自己的习作进行全面评价，谈谈自己习作的优点和缺点，也可以是自己写作过程中的困难以及克服困难的过程，或者至今还未克服、仍困惑的问题；既可以介绍自己的写作动机，也可以谈谈自己在寻找素材、谋篇布局上的经过；既可以是批改之后的收获和反思，也可以是对批改本身的意见或者建议。在形式上，可以是学生独立完成，也可以是以小组的形式合作完成。坚持写"批改后记"，不仅有利于学生写作水平的发展，提高分析能力和反思能力，而且这一再次反观的过程更有利于学生养成认真的写作态度。

（二）教师的"批改后记"

除了学生要持续写"批改后记"，教师也要坚持写"批改后记"。教师的"批改后记"即教师在作文批改之后的反思和总结。记录的内容既可以是教师对批改过程的反思，也可以是对整个作文教学过程的总结；既可以记录自己在批改以及其他作文教学过程中的得失，也可以是记录自己的困难以及解决的过程；既可以是对之前作文教学的思考，也可以是对未来作文教学的计划和想法。

在教师的"批改后记"中，教师也可以针对学生在"批改后记"中所提出的对自己的意见和质疑进行反思，或者记录与学生进一步沟通的过程。这样的反思和沟通让教师在今后的习作批改过程中能够与学生互动得更好，这对在批改环节延续师生互动有非常重要的意义。教师的"批改后记"是语文教师在个人作文教学中的成长记录册，是教师自身珍贵的纪录和资源，有利于教师深入剖析自己的教学过程并促进教师改善自己的作文教学，与此同时，也促使教师不断练笔，提高教师自身的写作水平。而教师自身写作水平的提高又有利于指导学生更好地进行写作。

二、二次练笔：突破与升格

写作教学的应有之义不仅在于帮助学生提高写作水平，还在于让学生养成认真的写作态度和良好的写作习惯。对学生一生的语文学习而言，后者比前者的意义更为重要和深远。习作批改之后并不意味着一次完整的习作训练就此终结，要保证习作批改的效果，同时养成学生自我反思和修改习作的习惯，教师还要激发学生再次写作的热情，指导学生进行"二次练笔"。"二次练笔"即在习作批改或讲评之后，根据批改的要点以及讲评中所涉及的相关内容再次让学生进行练习。练习的结果能检验作文批改和讲评的效果。"二次练笔"不能没有重点、无目的地进行，否则这种所谓的练笔也只是形式大于内容，浪费学生和教师的时间。

"二次练笔"练习的内容可以为：一是修改片段或全文。在习作批改之后，学生可以对自己写得不太理想的段落重新写作，或者习作通篇存在严重的问题，在发现问题并且知道如何解决问题的基础上对整篇进行重作。二是展开专题练习。这种有的放矢的练习，对学生的作文水平有极大的促进作用。但这种练习的前提是语文教师要有敏锐的判断能力，需要教师首先找出现阶段学生习作中存在的最为普遍又较为严重的问题，结合问题，设计专项练习，让学生进行针对性的练习。三是部分优秀习作的升华重作。对一些写得比较好的习作，教师在讲评中可以给学生一点儿启发或者进一步的指导，并且鼓励学生在讲评后再次进行修改和完善，使学生的习作更上一层楼。在此基础上，还可以鼓励学生去发表文章。或者也可以收录到班级的佳作展中，让其他学生学习欣赏。无论进行哪种内容的练习，"二次练笔"都是上一次习作的突破与升格，也是学生写作水平的飞跃和提高。让学生将"二次练笔"与原文进行对比，使他们获得进步。

附：学生作文欣赏

让我快乐的人

六（4）班　李洋洋

让我最快乐的人是我的小妹妹。

我的妹妹是个刚满七个月的小孩。她有长长的睫毛，一双水汪汪的大眼睛，忽闪忽闪的，还有一个粉嫩的樱桃小嘴。我最喜欢她那肉嘟嘟的脸。

一家人里，妹妹最喜欢的就是姐姐我啦。每天我下午放学回到家，原本在家无聊的妹妹一看到我就高兴地"咿呀咿呀"叫，好像在说"欢迎姐姐回来"。每次她不肯吃奶，在"哇哇"大哭的时候，我一过来，她就肯吃奶了。我弹钢琴的时候妈妈抱着妹妹在一旁静静地聆听我的演奏，妹妹的小手随着节奏不停地跳动着，好像很享受的样子。吃饭的时候，无论谁喂她吃她都不要，但是我来喂她，她却吃得津津有味。

每次和妹妹在一起玩的时候妹妹都笑得特别开心，眼睛都笑成一条缝了，她的笑声就像铃铛声一样，很好听。就像妈妈说的：这两姐妹长大后肯定心心相印。

再过不久，妹妹就会像个"小跟班"一样跟在我身后，我期待着妹妹的成长，她长大后一定会成为一个非常优秀的人。

生活要有规则

六（4）班 李晓筝

我们的生活一定要有规则，没有规则，我们的世界将会变得一团糟，只有它才能使我们的世界和平美好。如果没有规则，我们的世界又会怎么样呢？

那天早上，我骑着单车去学校。在去学校的路上，有一个红绿灯，刚好是红灯，我便耐心地在马路边上等。有一位三十几岁的中年男子在我的旁边，看着他着急的样子就知道是上班就要迟到了。离绿灯还有10秒的时候，他已经等不及了，左右看看也没有车，便一个箭步冲上了马路。就在这时，一辆大卡车飞快地开了过来，眼看就要撞上那位叔叔了，我害怕地闭上了眼睛。突然，只听见"吱"的一声，我小心地睁开了眼睛。"呼"！我叹了一口气。真的好险，大卡车停在了距离那个叔叔仅半米远的地方，差一点点就撞上了。那个叔叔都被吓得坐在了地上，脸上白白的，还被吓出了冷汗。

警察叔叔赶来了现场处理，狠狠地批评了那位叔叔。叔叔连连点头，承认了自己的错误，便说以后绝对不会这样了。我真替叔叔感到幸运，如果运气不好，我看结果就不仅仅是批评这么简单了。

遵守交通规则，人人有责。要是所有人都能自觉遵守交通规则，那我们的生活就会更加美好，更加幸福。

我 就 是 我

六（2）班 梁苗

大家好，我就是一位人见人爱、花见花开的六年级小学生。嘿嘿！我是不是有点儿自恋啊？我的性格开朗，和朋友、同学之间可是相处得很融洽的哦！

想问我长相啊？嗯……我长得一般般，不怎么好看，眼睛很小，戴着一副眼镜，鼻子扁扁的。但我知道长得怎么样都不是重点，我可不是靠颜值吃饭的，我是靠才华吃饭的。

我现在的优点是唱歌。唱歌和听歌是我的hobbys（爱好）。我难过的时候会听歌，跟着节奏一起哼唱，这样我心里的乌云便一拍而散啦！我不仅爱唱歌，而且唱得不赖。我之前在学校的歌唱比赛中还获得过冠军呢！

我有优点，当然也有缺点，我的缺点就是粗心。考试和做作业时都经常因粗心而扣了分。我做题做得很慢，检查不了，我决定改掉这个毛病。现在，我提高了做试卷的速度，每次做完我都会细心地检查一遍。果然不出我所料，考了一个100分，真是功夫不负有心人啊！

这就是我，一个有缺点和优点的我；这就是我，一个爱唱歌和开朗的我；这就是我，一个知错就改的我；我就是我，一个不一样的烟火。

再见——同学们

六（1）班　徐立坤

我是一个毕业班的六年级小学生。六年级，也就意味着我们的小学生涯就要结束了，要离开这群伴着自己成长六年的同学。我知道：天下没有不散的筵席。但我还是舍不得这些同学们。

毕业那天，同学们来到了学校，大家都和往常不一样，平常我一来到班里都是闹哄哄的，可今天却异常的安静。其实他们安静不是因为在准备接下来的考试，而是在发呆。我不用问都知道，他们是因为我们就要分开了而难过。

考完试后，大家陆续回到班坐好。班主任有点儿哽咽地说："大家就要毕业了，前方还有很长的路等着我们，老师祝福你们！我开始点名了，这是我们小学最后一次点名……"就在这时，我看到了老师、同学们的眼睛里都闪着泪花，我也不例外。老师每点一个名字，我都知道大家离毕业更进了一步，有的同学趴在桌子上哭了起来。我突然觉得自己的胸口很难受，想起同学们之前和我的感情这么好，现在却要分开，可能再也见不到了。想到这儿，我也情不自禁地流下伤感的眼泪。我在心里感叹：时间过得可真快，一转眼大家都毕业了！我们都要各奔东西，走属于自己的路，但不管我们走到哪里，我们的友谊永不褪色！

最后的点名，结束了最后的我们。我相信，不管我们走到天涯海角，我们永远是最好的我们。

让　座

五（5）班　王伟韩

打开记忆的闸门，有一颗闪闪发亮的星星，永远闪烁在我的心中。

那是去年暑假，爸爸妈妈带我去广州游玩。我们在候车区等候地铁，站在我旁边的是一位老奶奶，只见她满头银发，圆圆的脸上爬满了皱纹。这时，地铁缓缓开来，乘客们早已在候车区把车门堵得水泄不通了。车门一开，乘客们就争先恐后地挤了进去，那位老奶奶最后才进了车厢，她向四周看了看，希望能找到一个座位，可是并没有，她只好非常吃力地站着。"要不要给这位老奶奶让座呢？不让吧？这位老奶奶年纪这么大了，站着很辛苦呀！让吧？到广州还有这么远，我已经很累了！"我心里矛盾地想着。这时，车厢里的广播响了，我仔细一听：尊老爱幼是中华民族的传统美德，请为有需要的乘客让座，谢谢！我听了，脸"刷"的一下子红了。老师经常教育我们，帮助别人就是快乐自己。想到这里，于是我便鼓起勇气，站起身来，亲切地对那位老奶奶说："老奶奶，您坐吧！"老奶奶听了，伸出两个拇指顶呱呱给我，并高兴地说："小朋友，谢谢你！"我听了，微微一笑，心里乐滋滋的，比吃了蜜糖还要甜。

经过这件事，我终于明白了：多一份热情和帮助，世界就会变得更加美好！

当所有人都消失了

六（2）班　许芷湾

有一个短头发的男孩叫球球，他细细的眉毛，高高的鼻子，薄薄的嘴唇，一双大大的眼睛总喜欢瞪得圆圆的。

一天，球球妈妈买回两个又大又圆的红苹果，叫球球和哥哥一人一个分来吃。球球一把接过苹果，狼吞虎咽地吃了起来，不一会儿，球球就把苹果吃完了。球球抹抹嘴，说："真好吃，真好吃。"后来，他看见哥哥的苹果放在桌面上还没有吃，球球馋了，想把哥哥的苹果也拿来吃，妈妈看见了，对他说："球球，这个苹果是哥哥的，你的已经吃了，不能再吃了。"球球不高兴了，瞪圆了眼睛，心想：要是妈妈只生了我一个孩子就好了，那样所有好吃的都归我了。

球球离开家，来到一个儿童乐园。儿童乐园里有很多小朋友在玩，可热闹了：有的在滑滑梯，有的在玩海洋球……球球最喜欢滑滑梯了，可是玩的人太多了，大家都得排队。球球不管三七二十一，冲到滑梯前，抢先滑了下去。其他小朋友都说他不排队，大家都不愿意跟他玩了。球球又瞪圆了眼，心想：要是所有人都消失了，只剩下我一个人，那么我想怎么玩就怎么玩，该多好啊！

球球离开滑滑梯，继续往前走。走着走着，球球看见了一个大秋千，没有其他小朋友在玩。他可高兴了，赶紧坐了上去，把秋千荡得高高的。荡了好一会儿，球球觉得没意思，又来到一块跷跷板跟前，可是，球球坐在跷跷板一头，等了好久也没有别的小朋友来玩。球球又觉得没什么意思，于是他就去玩旋转木马。球球玩了好久好久，同样没见到其他小朋友。

球球肚子饿了，他来到一家超市，眼前的一切让他觉得奇怪，超市里一个人也没有？球球顾不上多想，想吃什么就拿来吃。不一会儿，球球的肚子被撑得圆鼓鼓的。

"哎哟，哎哟！疼死我了！疼死我了！"原来球球吃了太多东西，吃坏肚子了。他赶紧跑回家找妈妈，可是家里一个人也没有。球球又急忙往医院里跑，可是医院里也一个人影都没有。这下，球球急得哇哇大哭起来："为什么所有人都消失了？大家快给我出来吧！我再也不要一个人了！"

"球球，你怎么了？快醒醒啊！"球球睁开眼睛，看见了妈妈和哥哥。原来刚才是做了一场噩梦。球球自言自语地说："幸好只是一场梦，如果世界上只剩下我一个人，那实在是太可怕了！"

税收伴我成长

六（1）班　崔芷嫣

什么是税收呢？你们也许并不太了解。税收是国家公共财政最主要的收入来源。税收的本质是国家为满足社会公共需要，凭借公共权力，按照法律所规定的标准和程序，参与国民收入分配关系。它有利于国家经济、文化等各领域的建设和发展。

近年来，我国在经济、文化、社会保障、教育等方面发展迅猛，就拿水东来说吧！美丽的海堤、庞大的跨海大桥、宽广的水坝、一条条宽广而美丽马路、一座座美丽校园的诞生……那可都是税收的功劳呀！

因此，我觉得每个纳税人都应尽义务主动为国家纳税，这样能让我们的国家有更大的发展能力。

但许多人认识不到这点，仍偷税漏税，错误地认为个人偷点儿税影响不大。但大家必须明白，虽然一个人的纳的税金力量极为渺小，但我们全国上下纳税人的力量聚集在一起就是一股强大的力量。

我曾经遇到过这样一件事：有一次，爸爸承诺过我，要给我买一个篮球。后来，爸爸因工作忙便给钱我自己去买。我来到一家体育器材店，挑了一个篮球，付了钱，老板却没给我开发票。我也不懂不开发票是种偷税漏税的行为，便抱着篮球回家了。回到家后，爸爸便问："发票呢？"我说："没有，老板没给我开。"爸爸严肃地说："他不给你开发票是不对的！他可能想偷税漏税。"我问爸爸什么是税。爸爸告诉我："税是国家从一些人的钱中缴纳一小部分给国家，他不给你开票，国家的利益会受到损害。"于是，爸爸和我回那家店要求开发票，经过理论后，店主终于认识到纳税是应尽的义务，终于给我开了发票。爸爸提醒我以后购买商品，要注意索要发票，维护国家的利益，绝对不能让不良商贩得逞。

只要我们每个人为税收贡献一点儿力量，那我们的力量聚集起来就像是波澜壮阔的大海，力量无穷，最后还是受益于我们自己。所以我们还是应尽义务去纳税，齐心协力来继续造福我们的国家、我们的生活吧！